UNIVERSITÉ DE DIJON

FACULTÉ DE DROIT

DES EFFETS
DU BORDEREAU DE COLLOCATION
DANS LES ORDRES ET DANS LES CONTRIBUTIONS

THÈSE POUR LE DOCTORAT

SOUTENUE DEVANT LA FACULTÉ DE DROIT DE L'UNIVERSITÉ DE DIJON

Le 30 Juin 1900, à une heure et demie

PAR

Paul GUIGNARD

Lauréat de la Faculté

Président : M. GÉNY, *Professeur*

Suffragants : { M. DUVERDIER DE SUZE, } *Professeurs*
{ M. RENARDET. }

WASSY
TYPOGRAPHIE ET LITHOGRAPHIE DE Vᵉ BLAVIER

1900

THÈSE

POUR

LE DOCTORAT

UNIVERSITÉ DE DIJON

FACULTÉ DE DROIT

DES EFFETS
DU BORDEREAU DE COLLOCATION
DANS LES ORDRES ET DANS LES CONTRIBUTIONS

THÈSE POUR LE DOCTORAT

SOUTENUE DEVANT LA FACULTÉ DE DROIT DE L'UNIVERSITÉ DE DIJON

Le 30 Juin 1900, à une heure et demie

PAR

Paul GUIGNARD

Lauréat de la Faculté

Président : M. GÉNY, *Professeur*

Suffragants : { M. DUVERDIER DE SUZE, } *Professeurs*
{ M. RENARDET. }

WASSY

TYPOGRAPHIE ET LITHOGRAPHIE DE Vᵉ BLAVIER

1900

A LA MÉMOIRE DE MON PÈRE

———

A MA MÈRE

———

AUX MIENS

———

EFFETS DU BORDEREAU DE COLLOCATION

DANS LES ORDRES ET DANS LES CONTRIBUTIONS

————— •••><••• —————

INTRODUCTION

1. — Deux procédures tendent à distribuer le prix des biens d'un débiteur entre les mains de ses créanciers : la procédure d'ordre et la procédure de contribution. Tantôt, en effet, la somme à distribuer provient d'un immeuble grevé d'hypothèques et il s'agit de répartir cette somme au moyen d'une opération de classement destinée à fixer les divers rangs de préférence que les hypothèques et les privilèges ont fait naître parmi les créanciers : cette opération s'appelle l'*ordre*. Tantôt, au contraire, la somme à distribuer provient de meubles, ou d'immeubles libres d'hypothèques, ou encore d'une universalité de biens également sans affectation hypothécaire, et il s'agit de répartir cette somme entre chaque créancier chirographaire proportionnellement au chiffre de chaque créance respective, après avoir fixé et déterminé préalablement les rangs successifs des créanciers privilégiés et avoir prélevé la partie du prix qui leur est spécialement réservée : cette opération s'appelle la *contribution* (¹).

Mais si ces deux procédures diffèrent grandement tant dans leurs conditions que dans leur mise en œuvre, elles ont du

---

(1) Les biens mobiliers d'un failli sont répartis entre ses créanciers conformément aux articles 565 et suivants du Code de commerce.

moins un but identique : distribuer les biens d'un débiteur à ceux de ses créanciers qui y ont droit et dans la mesure où ils y ont droit ([1]).

2. — La distribution du prix d'un immeuble hypothéqué peut avoir lieu de diverses manières. Parfois les parties s'entendent entre elles pour procéder, en dehors de toute intervention judiciaire, au partage de ce prix ; les créanciers donnent main-levée notariée de leurs inscriptions, lesquelles sont rayées par le Conservateur des hypothèques sur le vu de cette main-levée. C'est là une convention privée assez fréquente dont les conditions, les effets, les causes de nullité ou de rescision sont identiques à ceux des conventions ordinaires ; on donne le nom d'*ordre consensuel* à ce premier procédé.

Mais, si les parties n'ont su ou voulu s'entendre, un juge intervient pour déterminer les droits de chaque créancier. Avant la loi du 21 mai 1858 qui a réformé les procédures de saisie immobilière et d'ordre, ce juge avait pour rôle unique de dresser le règlement d'ordre judiciaire. La loi nouvelle a

---

(1) Pour qu'il y ait lieu à ordre ou à contribution, nous croyons qu'il faut supposer le concours de *plusieurs créanciers,* car il s'agit dans les deux cas d'une procédure de distribution. Un créancier unique, s'il ne peut parvenir au paiement amiable, devra s'adresser à la justice pour se faire attribuer le prix des biens de son débiteur et, s'il s'agit de prix d'immeubles hypothéqués, il devra actionner le tiers acquéreur en paiement, en appelant le vendeur ou le saisi en déclaration de jugement commun. Le jugement sera susceptible des voies de recours ordinaires ; il contiendra main-levée des oppositions ou des inscriptions. Un extrait de ce jugement tiendra lieu de bordereau de collocation (En ce sens : Cass. 13 janv. 1840 S. 40. 1. 449, Cass. 22 juillet 1872. D. P. 73. 1. 350, Cass. 25 nov. 1874, D. P. 75. 1. 359, S. 75. 1. 445. V. également Rép. de Dalloz vᵉ Ordre nᵒ 1274, Seligman et Pont : Explication théorique et pratique de la loi du 21 mai 1858 sur les articles modifiés des saisies immobilières et sur la procédure d'ordre, 1860, nᵒ 574; Grosse et Rameau : Commentaire de la loi du 21 mai 1858 sur la procédure d'ordre, 1858, nᵒ 488, et Patron : Code manuel de la distribution par contribution, 1888, nᵒ 34. — En sens contraire : Ulry : Code des règlements d'ordre, 4ᵉ éd. revue par P. Ulry, 1898, nᵒ 25 ; Ollivier et Mourlon : Commentaire de la loi sur les saisies immobilières et sur les ordres, 1859, nᵒ 514 ; Carré et Chauveau : Lois de la procédure civile et commerciale, 5ᵉ éd., Q. 2615 *ter,* et Chauveau, Rev. prat. t. 13. p. 301).

placé une tentative de conciliation au seuil de la procédure d'ordre et cette tentative a lieu devant le juge-commis pour dresser le règlement de l'ordre. « Le juge-commissaire, dans « l'ordre amiable organisé par l'art. 751, dit la circulaire mi-« nistérielle du 2 mai 1859 n° 51, n'est pas seulement chargé « de constater l'accord des parties et de donner l'authenticité « à leurs conventions ; bien qu'investi d'une mission de conci-« liation, il n'en conserve pas moins son caractère propre. « Les créanciers sont convoqués devant lui pour se régler « amiablement entre eux, c'est-à-dire pour établir ou contester « contradictoirement, et sans formalités de procédure, la réa-« lité de leurs droits et le rang qui appartient à chacun d'eux. « Mais c'est le juge seul qui procède à l'ordre et il ne donne « sa sanction à l'arrangement des créanciers qu'autant qu'il « le trouve conforme aux règles de la justice. » La tentative de conciliation dont nous venons de parler porte le nom d'*ordre amiable*.

Lorsque après un mois écoulé la tentative d'ordre amiable n'a pu aboutir, il y a lieu de procéder au règlement judiciaire de l'ordre (art. 752 C. pr. civ.). Alors a lieu l'ordre proprement dit ou *ordre judiciaire*. Les formes, même en dehors de tout incident, n'en sont pas toujours identiques : s'il y a plus de trois créanciers inscrits, c'est le juge seul qui règle l'ordre, lequel s'appelle alors proprement l'ordre judiciaire ; si, au contraire, il n'y a que trois créanciers inscrits ou moins, c'est le tribunal tout entier qui statue comme en matière sommaire sur la distribution du prix, et la pratique dit que, dans ce cas, il y a lieu de procéder par voie d'*attribution de prix* (art. 773, C. pr. civ.).

En résumé, on distingue donc trois espèces d'ordre : 1° l'ordre consensuel ; 2° l'ordre amiable ; 3° l'ordre judiciaire auquel il est procédé par le juge-commissaire s'il y a plus de trois créanciers inscrits, sinon par le tribunal tout entier.

— 4 —

3. — On ne distingue, au contraire, que deux espèces de distributions par contribution : celle qui résulte du commun accord des parties entre elles, sans formalités de procédure ni intervention de juge, et qu'on nomme en pratique la *contribution amiable ;* et celle à laquelle il est procédé par le juge-commis avec les formalités requises par la loi et qu'on nomme la *contribution judiciaire.* La contribution amiable diffère donc profondément de l'ordre amiable, lequel a lieu en justice et présente plus d'une analogie avec le préliminaire de conciliation ; aussi serait-il plus exact de donner à cette procédure le nom de contribution conventionnelle, ainsi que quelques praticiens le font. Il n'existe donc pas, à proprement parler, de contribution amiable. Une réforme sur ce point est attendue et désirable ; aussi le projet de loi qui fut présenté au Sénat le 7 novembre 1878, par M. Dufaure (¹), alors président du Conseil des ministres, contenait-il une procédure de contribution amiable, qui eût pu permettre d'éviter des lenteurs et des frais dans les contributions peu importantes ou ne présentant pas de contestations sérieuses (²).

La nouvelle loi du 12 janvier 1895 sur la saisie-arrêt des salaires et des petits traitements organise dans son article 11

---

(1) Le 14 juin 1879, M. Denormandie présenta au Sénat, au nom de la Commission chargée d'examiner le projet de loi, un rapport sur celui-ci (V. le rapport de M. Denormandie dans le *Journal officiel* du 3 juillet 1879, annexes n° 213 à la séance du Sénat du 14 juin, pages 6021 et suivantes).

Le projet fut adopté par le Sénat. Il fut ensuite soumis à la Chambre des députés où M. Rémoiville déposa son rapport le 12 novembre 1883 ; toutefois le projet n'y vint pas en discussion (V. le rapport de M. Rémoiville dans le *Journal officiel* du 12 janvier 1884, annexes n° 2366, pages 2032 et suiv.). Le 25 mai 1886, la Chambre nomma une Commission de 33 membres chargée d'examiner les projets de loi déjà déposés ou qui seraient ultérieurement. Enfin le 12 juillet 1886, la Chambre ordonna le renvoi à cette Commission d'une proposition de loi tendant à modifier les procédures de saisie-arrêt et de distribution par contribution. Le projet de loi n'a pas encore été adopté par la Chambre.

(2) En 1883, sur 1042 procédures, 723 ont été terminées dans l'année, 251 dans la deuxième année, 108 plus tard. De plus, les frais, auxquels il faut ajouter la perte d'intérêts causée par les retards de la procédure (la Caisse des Dépôts et

une procédure de distribution des deniers saisis-arrêtés. La fin que le législateur s'est proposée dans cette loi a été d'améliorer le sort des petits employés, des ouvriers et des gens de service en rendant plus rapide et moins coûteuse la procédure des saisies-arrêts et aussi la répartition des fonds qui en proviennent. Pour y parvenir, il a confié aux juges de paix la mission de répartir entre les ayants droit les retenues opérées en lui accordant la faculté de surseoir à cette répartition jusqu'à ce que le montant de ces retenues puisse permettre de distribuer aux créanciers ordinaires un dividende d'au moins 20 o/o. L'art. 11 ajoute : « S'il y a somme suffisante et si les « parties ne se sont pas entendues amiablement pour la ré- « partition, le juge procédera à la répartition entre les ayants « droit. — Il établira son état de répartition sur le registre « prescrit par l'art. 14. — Une copie de cet état, signée du « juge et du greffier, indiquant le montant des frais à pré- « lever, le montant des créances privilégiées, s'il en existe, « et le montant des sommes attribuées dans la répartition à « chaque ayant droit, sera transmise par le greffier, par lettre « recommandée, au débiteur saisi ou au tiers saisi et à chaque « créancier colloqué. — Ces derniers auront une action di-

---

Consignations ne sert les intérêts qu'à partir du 61e jour du versement et seulement à raison de 2 %, depuis la loi de finances du 26 juillet 1893, art. 60), s'élèvent en moyenne au sixième du dividende alloué. — Cependant une objection sérieuse a été faite à ce projet de réforme : il y a lieu de craindre, dit-on, que les petits créanciers ne soient souvent surpris par l'arrangement amiable, et que, pour éviter une perte d'argent, ils ne soient tentés de traiter leurs débiteurs avec la plus extrême rigueur (V. le rapport de M. Denormandie précité). Il est facile de répondre à cette objection : d'abord que la distribution conventionnelle permet le concert frauduleux d'un saisi avec quelques-uns de ses créanciers au détriment des autres qui se trouvent ainsi déchus de leurs droits (sauf pourtant s'ils parvenaient à démontrer la fraude, ce qui est généralement impossible) et que ce concert serait rendu très difficile par la présence d'un juge-commissaire ; puis que les créanciers ignorent souvent l'existence d'une contribution même judiciaire et sont souvent surpris par son règlement ; qu'enfin il suffirait, pour éviter les inconvénients redoutés, d'entourer la contribution amiable d'une publicité destinée à la faire connaître aux tiers intéressés (V. sur ces points P. Patron, loc. cit. t. II, appendice p. 213 et suiv.).

« recte contre le tiers saisi en paiement de leur collocation. —
« Les ayants droit aux frais et aux collocations utiles donne-
« ront quittance en marge de l'état de répartition remis au
« tiers saisi qui se trouvera libéré d'autant. »

4. — Toutes ces sortes d'ordre ou de contribution dont
nous venons de parler ne donnent pas également naissance à
un bordereau de collocation. En effet, ni l'ordre conventionnel
ni la contribution conventionnelle n'y donnent lieu, parce que
ce ne sont que des conventions ; dès lors, le titre qui les
constate est régi par les règles générales concernant les titres
sous seings privés ou les titres authentiques, suivant la forme
dont les parties l'ont revêtu, et l'exécution de ces conventions
demeure soumise au droit commun. Il convient cependant de
remarquer que si, en conséquence de l'arrangement intervenu,
il y avait lieu de faire rayer les inscriptions prises par les créanciers, la main-levée en devrait être notariée (art. 2158 C. civ.).

5. — A défaut de règlement conventionnel, la distribution
ne peut plus s'opérer que devant un juge. S'il s'agit d'un
ordre, nous avons vu que la procédure comprenait deux
phases : la tentative d'ordre amiable et l'ordre judiciaire. Si
la tentative d'ordre amiable réussit, le juge « dresse procès-
verbal de la distribution du prix par règlement amiable ; il
ordonne la délivrance des bordereaux aux créanciers utilement
colloqués et la radiation des inscriptions des créanciers non
admis en ordre utile » (art. 751. C. pr. civ.). — Si, au contraire, cette tentative n'a pu aboutir, le règlement de l'ordre
est confié, suivant des distinctions que nous avons précédemment indiquées (v° *suprà* Introd. n° 2, p. 3), soit à un juge-
commis, soit au tribunal tout entier.

Le juge dresse d'abord un règlement provisoire (art. 755
C. pr. civ.). Lorsque ce règlement n'est l'objet d'aucune contestation dans les délais légaux, le juge prononce la clôture

de l'ordre et dresse l'état de collocation définitive (art. 759 C. pr. civ.) ; le règlement définitif est, dans ce cas, la reproduction textuelle du règlement provisoire ; toutefois les articles portés pour mémoire dans celui-ci sont chiffrés dans celui-là et les frais, y compris ceux de radiation et de poursuite, doivent être liquidés et colloqués par préférence à toutes créances.

— Lorsqu'au contraire des contestations ont été soulevées, le règlement définitif doit être modifié conformément aux décisions judiciaires qui sont intervenues.

Lorsque toutes ces formalités sont achevées, le juge rend son ordonnance de clôture (art. 765 C. pr. civ.), laquelle termine l'ordre. Cette ordonnance a deux objets : la radiation des inscriptions des créanciers non colloqués et la délivrance des bordereaux de collocation.

Lorsqu'il y a lieu à la procédure en attribution de prix, le nombre des créanciers inscrits étant inférieur à quatre, le tribunal rend un jugement par lequel il ordonne également la radiation des inscriptions des créanciers non colloqués et la délivrance des bordereaux de collocation.

6. — Pour ce qui regarde le règlement de la distribution par contribution, il nous suffira de dire que, sauf quelques différences dans le détail desquelles nous ne pouvons entrer (¹), il s'opère de même que le règlement d'ordre judiciaire : le juge-commissaire dresse d'abord un règlement provisoire (art. 663 C. pr. civ.), lequel devient définitif après un délai qui varie suivant que des contestations ont été ou n'ont pas

---

(1) Notamment le règlement judiciaire de la contribution ne peut jamais être fait par le tribunal tout entier par voie d'instance en attribution de prix, la loi n'autorisant pas ici ce mode de procéder. Cette différence s'explique rationnellement : par la transcription du titre d'acquisition, le cours des inscriptions est arrêté et dès lors on peut connaître exactement le nombre des créanciers inscrits ; au lieu que le nombre des créanciers qui devront être colloqués dans une contribution n'est définitivement fixé qu'après l'expiration des délais de production.

été soulevées ; puis intervient l'ordonnance de clôture. Par cette ordonnance, le juge prononce la main-levée de toutes les oppositions et ordonne la délivrance des bordereaux de collocation.

Enfin dans la procédure inaugurée par la loi du 12 janvier 1895 (V. *suprà* n° 3), la copie délivrée à chaque créancier, conformément à l'art. 11, tient lieu de bordereau de collocation (¹).

7. — Il arrive que des créanciers, agissant en vertu de l'art. 1166 du Code civil, interviennent dans l'ordre ou la contribution pour faire valoir les droits de leur débiteur. Il y a lieu alors à un *sous-ordre* ou à une *sous-contribution*, c'est-à-dire à une distribution en deuxième ligne du montant de la collocation principale attribuée à un débiteur entre les créanciers inscrits du chef de ce débiteur ou ayant formé opposition au paiement.

Cette procédure de sous-distribution est appliquée sans discussion dans la pratique. Pour les ordres, elle est prévue et réglée par l'art. 775 C. pr. civ. « Tout créancier, dit cet article, peut prendre inscription pour conserver les droits de son débiteur, mais le montant de la collocation est distribué comme chose mobilière entre tous les créanciers inscrits ou opposants avant la clôture de l'ordre ». Ainsi, le sous-ordre n'est qu'une contribution ouverte sur le montant d'une collocation attribuée dans un ordre à un créancier-débiteur.

---

(1) Le bailleur n'a pas toujours besoin d'attendre la fin de la procédure pour toucher les sommes qui lui sont dues. « Le propriétaire, dit l'art. 661 C. pr. civ., pourra appeler la partie saisie et l'avoué le plus ancien en référé devant le juge-commissaire pour faire statuer préliminairement sur son privilège pour raison de loyers à lui dus ». Donc, de deux choses l'une : ou bien le propriétaire attendra la délivrance des bordereaux de collocation, ou bien il se fera autoriser à toucher avant l'achèvement de la contribution ; dans ce dernier cas, l'ordonnance qui contient cette autorisation tient lieu de bordereau de collocation.

La procédure de sous-contribution est restée en dehors des prévisions du législateur de 1806 : mais l'article 1166 C. civ. suffit à en établir la légitimité.

La langue juridique en cette matière est particulièrement vicieuse. D'une part, on désigne en pratique, sous le nom de sous-ordre, la distribution du reliquat resté libre après que tous les créanciers inscrits et produisants ont été colloqués. C'est là une extension défectueuse du sens de ce mot : il s'agit, en effet, au cas de sous-ordre proprement dit, d'une collocation entée sur une autre collocation, au lieu que les créanciers, dans ce prétendu sous-ordre, obtiennent collocation sur le reliquat directement, c'est-à-dire sur le prix même des biens de leur débiteur. D'autre part, également dans la pratique, on donne le nom de sous-ordre à toute sous-distribution, qu'elle se rattache à un ordre ou à une contribution. Or, le nom de sous-contribution serait plus exact, ainsi que nous l'avons vu plus haut, même au cas où la sous-distribution est concomitante à un ordre.

8. — Le bordereau de collocation n'est pas toujours délivré immédiatement après que le juge-commissaire a rendu son ordonnance de clôture. Lorsqu'il s'agit d'une contribution il doit être délivré par le greffier « huitaine après la clôture du procès-verbal » (art. 671, C. pr. civ.) et lorsqu'il s'agit d'un ordre « dans les dix jours, à partir de celui où l'ordonnance de clôture ne peut plus être attaquée » (art. 769, C. pr. civ.) Le greffier n'est pas obligé d'attendre l'expiration de ces délais ; mais s'il les dépassait, on pourrait le contraindre à la délivrance au moyen d'un référé et le poursuivre en dommages-intérêts à raison du préjudice que le retard apporté par lui aurait pu faire éprouver au créancier colloqué (V. D. Rép. v° Ordre des créanciers, n° 1176).

Outre ce retard normal, la délivrance des bordereaux de collocation peut encore être différée soit parce que l'ordonnance de clôture du règlement définitif a été attaquée, soit parce qu'il a été formé opposition à la délivrance de ces bordereaux, soit enfin parce que certaines formalités préliminaires exigées par la loi n'auraient pas été accomplies.

9. — Au cas d'ordre amiable, le règlement définitif n'étant susceptible d'être attaqué ni par la voie de l'opposition puisque ce règlement implique la présence et le consentement simultané de tous les créanciers inscrits et du débiteur, ni par la voie de l'appel puisqu'il s'agit d'un acte de juridiction gracieuse [1], la délivrance des bordereaux de collocation ne peut être retardée par aucune voie de recours.

Au cas d'ordre judiciaire, l'ordonnance de clôture peut être attaquée par la voie de l'opposition (art. 767, C. pr. civ.) dans la huitaine qui suit la dénonciation de cette ordonnance. Au premier abord on conçoit difficilement que cette opposition puisse se produire, car le règlement est devenu irrévocable à l'égard des créanciers qui ne l'ont pas contesté en temps utile (V. Tarrible, Rép. de Merlin, v° Saisie imm., p. 680 et 681). Mais, comme le font judicieusement observer MM. Ollivier et Mourlon (*op. cit.*, n° 426) « il se peut qu'un créancier inscrit, compris dans l'état des inscriptions, n'ait pas reçu de sommation de produire, ou bien que le juge se soit trompé ou ait commis des excès de pouvoir, qu'il n'ait tenu aucun compte des contredits, prononcé la clôture quoique le tribunal ne les ait pas encore jugés (Paris, 20 juin 1835. S. 35. 2. 353) ; ou bien que son règlement définitif ne soit pas la reproduction

---

(1) Le règlement d'ordre amiable n'est soumis qu'aux actions en nullité ou en rescision du droit commun et à la tierce opposition ; dès lors il n'y a jamais lieu de suspendre son exécution (**V. Douai, 16 août 1869. D. P. 70, 2, 31**).

exacte de son règlement provisoire ; que les intérêts aient été
mal calculés, les bordereaux mal délivrés (Pigeau, La Procédure civile des tribunaux de France, t. 2, p. 435. Limoges, 15 avril 1817), ou bien encore qu'il ait mal interprété
l'arrêt qui a statué sur les contredits. » (V. en outre le rapport de M. Riché au nom de la commission législative de 1858
sur l'art. 767). Avant la loi de 1858, des controverses très
vives s'étaient élevées sur le point de savoir si l'on devait
attaquer l'ordonnance de clôture par la voie de l'opposition,
par la voie de l'appel, ou par une action en nullité ou en rescision. L'art. 767, C. pr. civ., dans sa nouvelle rédaction,
tranche cette controverse en ces termes : « Dans les trois
jours de l'ordonnance de clôture, l'avoué poursuivant la dénonce par un simple acte d'avoué à avoué. — En cas d'opposition à cette ordonnance par un créancier, par l'adjudicataire
ou la partie saisie, cette opposition est formée, à peine de
nullité, dans la huitaine de la dénonciation, et portée dans
la huitaine suivante à l'audience du tribunal, même en vaca-
tion, par un simple acte d'avoué contenant moyens et conclusions ; et, à l'égard de la partie saisie n'ayant pas d'avoué en
cause, par exploit d'ajournement à huit jours. La cause est
instruite et jugée conformément aux articles 761, 762 et 764,
même en ce qui concerne l'appel du jugement (¹).

Au cas de contribution, de même qu'au cas d'ordre judiciaire, la voie de l'opposition est ouverte contre l'ordonnance
de clôture. Toutefois la dénonciation du règlement définitif
n'est pas prescrite par un texte ; elle n'est donc pas obligatoire. En pratique, l'avoué poursuivant et les avoués des
créanciers colloqués sont informés par le greffier, au moyen

---

(1) L'ordonnance de clôture peut encore être attaquée par voie d'action principale en nullité ou par la tierce opposition ; mais ces recours ne suspendraient
pas l'exécution de l'ordonnance.

de lettres ou de bulletins. La dénonciation n'étant pas prescrite, il s'ensuit qu'aucun délai de rigueur n'est imposé pour
former opposition à l'ordonnance de clôture. Or l'art. 671, C.
pr. civ., indique que le greffier doit délivrer les bordereaux
dans la huitaine qui suit la clôture du procès-verbal. Comme
nous verrons plus tard que le bordereau de collocation est un
titre authentique et exécutoire auquel provision est due, les
créanciers qui voudraient former opposition feront sagement
en agissant avant l'expiration de la huitaine à compter de la
clôture, car la Caisse des dépôts et consignations pourrait être
contrainte au paiement immédiatement après la délivrance.

En résumé, si l'ordonnance de clôture a été attaquée, le
délai pendant lequel les bordereaux de collocation doivent
être délivrés commence à courir soit du jour où le délai d'appel est expiré ou du jour où l'arrêt intervenu a été signifié,
lorsque l'opposition a été rejetée ; — soit, lorsque l'opposition
a été admise, du jour où le juge-commissaire a rendu une
nouvelle ordonnance de clôture modifiant la précédente.

10. — Même après que l'ordonnance de clôture est devenue inattaquable, qu'il s'agisse d'ordre ou de contribution,
des oppositions à la délivrance même des bordereaux peuvent se produire. Le Code de procédure n'y fait nulle part
allusion, mais il est certain qu'elles sont possibles car, ainsi
que le fait observer Garsonnet (Traité théorique et pratique
de procédure, Paris, 1891, t. IV, § 868) « il est inadmissible
qu'on ne puisse empêcher la délivrance des mandements au
paiement desquels on aurait le droit de se refuser ou de faire
opposition, et dont on pourrait même répéter le paiement
après l'avoir fait » (V. également Garsonnet, op. cit., t. IV,
§ 848). Toutefois l'opposition ne doit pas remettre en question
le règlement définitif de l'ordre ou de la contribution, à moins
qu'il ne s'agisse de personnes qui peuvent attaquer le règle-

ment pendant 30 ans par une action en nullité ou par la voie
de la tierce opposition, comme sont celles qui n'ont pas été
parties à l'ordre ou à la contribution, qui n'y ont pas été représentées et auxquelles ce règlement porterait préjudice
(par exemple les créanciers non sommés et non produisants,
les créanciers chirographaires en matière d'ordre, s'ils atta-
quent le règlement en vertu de l'article 1167 du Code civil
comme fait en fraude de leurs droits. V. au surplus Garsonnet,
op. cit., t. iv, § 845.) Au contraire l'opposition à la délivrance
du bordereau de collocation sera toujours possible, même de
la part de ceux qui ont été parties dans le règlement, lorsqu'elle n'aura pas pour objet de remettre en question les résultats acquis par ce règlement : c'est ainsi que le saisi ou les
créanciers forclos ou non colloqués pourront s'opposer à la
délivrance des bordereaux en se fondant sur ce fait que le
créancier colloqué aurait déjà été payé ; c'est ainsi également
que le tiers acquéreur ou la Caisse des dépôts et consignations auront le même droit s'ils relèvent une erreur matérielle dans le règlement, par exemple dans l'indication du
prix à distribuer, ou encore si le tiers acquéreur a subi une
éviction partielle, s'il « est troublé ou a juste sujet de craindre
de l'être par une action soit hypothécaire, soit en revendication » (art. 1653, C. civ., V. *infra*, ch. II., n° 44).

11. — En matière de contribution, la délivrance des bordereaux est, en outre, subordonnée à la nécessité de remplir auparavant une formalité préliminaire. Cette formalité
consiste dans l'affirmation par chaque créancier de la sincérité
de sa créance (art. 665 et 675, C. pr. civ.). L'affirmation a
lieu au greffe, où elle est faite par le créancier en personne,
assisté de son avoué (art. 101 du tarif de 1807) ou par son
mandataire ; elle est reçue par le greffier et mentionnée par
lui dans le bordereau. Elle consiste à affirmer « que la somme

pour laquelle le créancier est colloqué lui est réellement due,
qu'il n'a reçu aucun à compte, qu'enfin il ne prête son nom ni
directement ni indirectement soit à la partie saisie soit à toute
autre personne, et qu'il consent à l'exécution de la distribution » (Pigeau, *op. cit.*, t. II, p. 206). On admet généralement
que le serment n'est pas requis de la part du créancier (V.
Carré et Chauveau, *op. cit.*, question 2181 ; Pigeau, *op. cit.*,
t. II, p. 187). — Cette formalité n'a pas lieu en matière d'ordre.
La raison de cette différence est que le législateur a accordé
une plus grande confiance aux titres des créanciers hypothécaires, lesquels sont certains et généralement authentiques,
au lieu que les créances chirographaires sont souvent dénuées
de toute preuve écrite (V. D. Rép., v° Ordre entre créanciers, n° 1207). Malgré cette considération il faut bien avouer
que la formalité de l'affirmation est un peu ridicule et toujours
inutile, car dès lors qu'un créancier aura osé produire pour
une créance mensongère, que le juge aura trouvé sa demande
justifiée, que les autres créanciers n'auront soulevé aucun
contredit, faut-il espérer que ce créancier, maintenant colloqué, hésitera à faire l'affirmation que la loi exige de lui ?
Aussi dans les projets de loi qui sont à l'étude, cette formalité
disparaît.

12. — Il existe enfin, mais seulement lorsqu'il s'agit d'un
ordre, une dernière exception à la délivrance immédiate des
bordereaux : l'avoué poursuivant, même distractionnaire,
n'obtient du greffier le bordereau en paiement des frais à lui
dus, que sur la remise à celui-ci « des certificats de radiation
des inscriptions des créanciers non colloqués » (art. 770 C.
pr. civ. *in fine*). Le règlement définitif d'un ordre a, en effet,
deux objets : la radiation des inscriptions des créanciers non
colloqués ou, comme on dit, *brevitatis causa*, des inscriptions non colloquées, — et la délivrance des bordereaux de

collocation. Or, aux termes de l'art. 769, C. pr. civ. « dans les dix jours à partir de celui où l'ordonnance de clôture ne peut plus être attaquée, le greffier délivre un extrait de l'ordonnance du juge pour être déposé par l'avoué poursuivant au bureau des hypothèques. Le Conservateur, sur la présentation de cet extrait, fait la radiation des inscriptions des créanciers non colloqués ». Grâce à la remise de cet extrait, les inscriptions des créanciers non colloqués étant radiées, le tiers acquéreur possédera, dès qu'il aura payé le montant intégral des bordereaux de collocation, un immeuble complétement affranchi de toutes les hypothèques qui pouvaient le grever du chef de son auteur (¹).

13. — Nous venons de voir dans quelles circonstances apparait le bordereau de collocation.

Après l'achèvement de l'ordre ou de la contribution, les créanciers sont définitivement répartis en deux catégories : ceux qui sont colloqués et ceux qui ne le sont pas. Seuls les premiers reçoivent un bordereau de collocation afin de toucher entre les mains du tiers acquéreur ou de la Caisse des dépôts et consignations (²) le montant de la somme portée au bordereau.

Ainsi, de même que l'ordre et la contribution sont l'aboutissement terminal de tous les droits et actions du créancier,

---

(1) Nous verrons (infrà, Ch. II, n° 74), qu'un extrait du règlement définitif doit, en matière de contribution, être remis au préposé de la Caisse des dépôts et consignations.

(2) En principe la consignation est le préliminaire obligé de toute contribution (art. 657 C. pr. civ., art. 1, 2, 8°, 12° et 14° de l'ordonnance du 3 juillet 1816. V. infrà, ch. I, n° 17).

de même le bordereau de collocation est la fin de l'ordre ou de la contribution, leur but, leur raison d'être ([1]).

---

(1) Les créanciers ne sont pas toujours obligés d'attendre la fin de l'ordre ou de la contribution pour toucher le montant de leurs bordereaux de collocation ; nous voulons parler du cas où le juge a dressé un *règlement définitif partiel*. Ce règlement a lieu au profit des créanciers non contestés quand les contestations soulevées au sujet du règlement provisoire ne peuvent, quelle que soit la décision à intervenir, apporter aucune modification à la collocation attribuée à ces créanciers (art. 758 C. pr. civ. V. pour les détails : Boitard, Colmet-Daâge et Glasson. Leçons de procédure civile, 15e éd., no 902 *in fine*. Carré et Chauveau. *op. cit.* Questions 2185 et 2374 3o. Patron, *op. cit.*, nos 1138 à 1141. Ulry, *op. cit.*, no 66. Seligman, *op. cit.*, nos 377 et 378).

EXPOSÉ & DIVISION DU SUJET

----

14. — Le bordereau ou mandement de collocation est un extrait du règlement définitif, délivré par le greffier, revêtu de la formule exécutoire et destiné à procurer à chaque créancier colloqué le paiement du montant de sa collocation. C'est une espèce de mandat à vue sur le tiers acquéreur ou sur la Caisse des dépôts et consignations.

Après avoir examiné la nature et les effets généraux du bordereau, nous étudierons les règles qui concernent le paiement de ce bordereau et la radiation des inscriptions appartenant aux créanciers colloqués, radiation qui est la conséquence directe du paiement du bordereau ; enfin nous verrons quelles mesures doivent prendre les créanciers colloqués lorsque le tiers acquéreur ou la Caisse refusent de payer et quels recours peuvent être exercés tant par ces créanciers que par l'acquéreur.

En conséquence nous divisons notre sujet en cinq chapitres :

CHAPITRE I. — *De la nature et des effets généraux du bordereau de collocation.*

CHAPITRE II. — *Paiement du bordereau de collocation.*

CHAPITRE III. — *Radiation des inscriptions appartenant aux créanciers colloqués.*

CHAPITRE IV. — *Voies d'exécution.*

CHAPITRE V. — *Recours appartenant à l'acquéreur et aux créanciers.*

CHAPITRE I

De la nature et des effets généraux du Bordereau de collocation.

15. — Le mandement ou bordereau de collocation est, ainsi que nous l'avons dit, un extrait du règlement définitif de l'ordre ou de la contribution. Cet extrait est précédé de l'indication du nom du débiteur, de la somme à distribuer, des dates de l'ouverture des règlements provisoire et définitif, avec mention de l'enregistrement. Chaque bordereau contient toutes les mentions nécessaires pour faire connaître au tiers acquéreur ou au préposé de la Caisse des dépôts et consignations les sommes tant en principal qu'intérêts qu'ils devront payer au créancier porteur du bordereau. Leur ensemble, en y ajoutant l'ordonnance de main-levée des inscriptions ou oppositions, reproduit l'ensemble du règlement définitif (art. 101 et 137 du tarif du 16 fév. 1807) (¹).

---

(1) Voici quelle est la formule ordinaire des bordereaux de collocation :
Extrait des minutes du greffe du tribunal civil de première instance de......
République française, au nom du peuple français.
D'un procès-verbal dressé le... par M..., juge audit tribunal, commis à cet effet par ordonnance de M. le Président de ce siège, en date du.... (ou spécialement chargé des ordres), lequel contient distribution entre tous les ayants droit des sommes déposées pour le compte du sieur X... (noms, profession, domicile) à la Caisse des dépôts et consignations — (*ou bien :* du prix moyennant lequel (*mettre selon les cas*), suivant jugement de l'audience des criées de ce tribunal en date du..., enregistré, ou d'un acte reçu par Mᵉ.... et son collègue, notaires à..., le..., enregistré, ou encore d'un acte sous seings privés en date à..., du..., enregistré (*dans tous les cas continuer ainsi :*), transcrit au bureau des hypothèques de..., le..., vol..., n°..., le sieur X... (noms, profession, domicile) s'est rendu adjudicataire de divers immeubles situés au territoire de...., commune de....,

l.'œuvre du juge est achevée par l'ordonnance de clôture. La délivrance du bordereau de collocation rentre dans les attributions du greffier qui n'est, à vrai dire, que le notaire du tribunal ayant seul qualité pour donner l'authenticité à toutes les grosses ou expéditions des jugements ou actes émanés des membres de ce tribunal. Il n'est donc pas néces-

---

appartenant à Z... (noms, profession, domicile) — ensemble des intérêts au jour du règlement définitif dressé le..., enregistré à..., le..., folio..., case..., reçu.... signé... — il a été extrait ce qui suit :

SOMME À DISTRIBUER.

La somme à distribuer se compose de (copier ici la partie du règlement définitif qui concerne la somme à distribuer).

Sur laquelle somme a été définitivement établie la collocation suivante : (copier textuellement la collocation ou les collocations qui font l'objet du bordereau).

S'il s'agit d'une contribution, continuer ainsi : En conséquence, pour l'exécution du règlement définitif susénoncé, nous, greffier près le tribunal civil de ... sur la réquisition du sieur... et de M⁰..., son avoué, et après avoir reçu dudit sieur... l'affirmation de sa créance conformément à la loi (Lorsque l'affirmation est faite par un mandataire, indiquer le nom de ce mandataire et les formalités relatives à la procuration).

Dans tous les cas la formule continue ainsi :

Délivrons mandement de collocation : 1° à M⁰..., avoué près ce tribunal, pour la somme de..., montant des frais de..., pour lesquels ledit M⁰... a obtenu le bénéfice de la distraction ;

2° Et au sieur... pour la somme de..., formant le montant de sa collocation, aux termes du règlement définitif dont l'extrait précède, en ce non compris les frais susénoncés dus à l'avoué distractionnaire ;

Ordonnons, en conséquence, que le sieur..., adjudicataire (ou acquéreur) susnommé, sera tenu de payer les sommes portées au présent bordereau de collocation, ensemble les intérêts desdites sommes au taux légal, à partir du.... date du règlement définitif, jusqu'au paiement, sur la première réquisition qui lui en sera faite ; à quoi faire il sera contraint par toutes les voies de droit ; quoi faisant, il sera définitivement quitte et libéré du prix de l'adjudication prononcée à son profit le..., ou de la vente qui lui a été consentie le...

Dans le cas de consignation, il faut remplacer comme suit le dernier paragraphe :

Ordonnons que, sur le vu de l'extrait du règlement définitif, le préposé à la Caisse des consignations sera tenu de payer le montant de chaque bordereau de collocation, ensemble les intérêts à 2 o/o, à partir du..., date du règlement définitif jusqu'au paiement ; à quoi faire il sera contraint ; quoi faisant, il sera définitivement quitte et libéré de la consignation opérée entre ses mains.

En conséquence, le Président de la République, etc. (formule exécutoire).

Pour extrait conforme,

Le Greffier, ·

(Signature).

saire que les bordereaux soient signés par le juge ; il suffit
qu'ils le soient par le greffier, ainsi que cela se fait pour toutes
les expéditions (V. D. Rép. v° Ordre entre créanciers n° 1179
ainsi que les autorités et les arrêts rapportés).

16. — Chaque créancier colloqué doit, en principe, recevoir un bordereau de collocation et il ne doit en recevoir qu'un
seul. C'est ainsi que quand un créancier obtient plusieurs
collocations dans le même ordre et sur le même adjudicataire,
il suffira de lui allouer un seul bordereau (V. Seligman *op. cit.*
n°ˢ 534 et 535, Carré et Chauveau *op. cit.* Q. 2607 sexies,
Grosse et Rameau *op. cit.* n° 466, Houyvet, Traité de l'ordre
entre créanciers, 1859, n° 326. *Contrà :* Ollivier et Mourlon
op. cit. n° 433). — Toutefois cette règle comporte des exceptions. D'une part, lorsque le montant de diverses collocations
serait absorbé par les frais d'expédition de plusieurs bordereaux, le juge-commissaire peut ordonner qu'il ne sera délivré
qu'un bordereau collectif au nom des créanciers colloqués,
lequel sera touché par l'un d'eux, ordinairement celui qui
possède la plus forte créance, à charge par ce créancier de
restituer aux autres les parts qui leur sont dues (V. Favard de
Langlade, Dictionnaire de procédure civile, V° Distr. par
Contrib. § 2, n° 3 ; Bioche, Dictionnaire de procédure civile,
1857, v° au même mot n° 225 ; Rodière, Traité de compétence
et de procédure, 1878, t. II, p. 263). — D'un autre côté, l'avoué
distractionnaire a droit, sans doute, à un bordereau personnel,
mais dans la pratique on n'en délivre qu'un seul aux noms du
client et de l'avoué avec indication des sommes qui leur re-
viennent (V. *supra*, ch. I, n° 15, note 1, p. 19). — Enfin, pour
des raisons d'économie, le juge pourrait décider qu'il ne sera
délivré qu'un seul bordereau lorsque la créance colloquée
appartient soit à un créancier originaire et à un cessionnaire
partiel, soit à plusieurs cessionnaires ou subrogés, soit à plu-

sieurs héritiers. Mais il ne devra agir ainsi que quand l'utilité d'une semblable mesure sera certaine, car, outre qu'en principe chaque créancier colloqué a droit à un bordereau, ce bordereau unique étant remis entre les mains d'un dépositaire qui aura le droit de toucher pour les autres intéressés, des difficultés pourront s'élever au moment où il devra leur rendre compte.

17. — Le bordereau de collocation est délivré soit contre la Caisse des dépôts et consignations, soit contre un tiers acquéreur.

En principe, le bordereau de collocation délivré à la suite d'une contribution est exécutoire contre la Caisse des dépôts et consignations, car la consignation est alors obligatoire. A cet égard, l'art. 657 C. pr. civ. décide formellement qu'à défaut d'arrangement amiable dans le délai d'un mois, « l'officier qui aura fait la vente sera tenu de consigner dans la huitaine suivante, et à la charge de toutes les oppositions, le montant de la vente, déduction faite de ses frais, d'après la taxe qui en aura été faite par le juge sur la minute du procès-verbal. » Cette obligation de consigner n'est pas limitée aux seuls officiers ministériels ayant procédé à des ventes ; l'ordonnance du 3 juillet 1816 soumet à la consignation, art. 2 : « 8° les sommes saisies et arrêtées entre les mains de dépositaires ou débiteurs, à quelque titre que ce soit ; celles qui proviendraient de vente de biens meubles de toutes espèces par suite de toutes sortes de saisies, ou même de ventes volontaires, lorsqu'il y aura des oppositions, dans les cas prévus par les articles 656 et 657 du Code de procédure civile... — 12° les sommes d'argent, trouvées ou provenues de ventes et recouvrements dans une succession bénéficiaire.... — 14° Enfin toutes les consignations ordonnées par des lois, même dans les cas qui ne sont pas rappelés ci-dessus... »

La consignation est donc imposée par la loi en matière de contribution ; en conséquence, les tribunaux doivent l'ordonner par le jugement même qui déclare l'ouverture d'une contribution nécessaire, sans que le détenteur des fonds puisse s'y opposer en se fondant sur cette circonstance que les créanciers ne l'auraient pas requise (Lyon 6 août 1886. Gaz. du Palais 2 janv. 1887).

Toutefois l'ordonnance du 3 juillet 1816 art. 2. 10° dispense de la consignation le prix ou portion du prix d'une adjudication d'immeubles vendus sur saisie immobilière, bénéfice d'inventaire, cession de biens, faillite, lorsque le cahier des charges autorise l'acquéreur à conserver les fonds entre ses mains, ou même, en l'absence d'une semblable autorisation, si le tribunal n'ordonne pas cette consignation sur la demande d'un ou de plusieurs créanciers. On peut donc dire que s'il s'agit d'un prix d'immeubles, la consignation généralement n'est pas obligatoire.

La raison qui, en principe, a rendu la consignation obligatoire dans les contributions est clairement indiquée dans une circulaire du Garde des sceaux du 23 novembre 1814, laquelle ne pouvait viser alors que les prescriptions de l'art. 657 C. pr. civ., mais dont la portée est générale. « Le but de cet article, y est-il écrit, a été bien moins de procurer des fonds à la Caisse de l'Etat que d'ouvrir aux particuliers un lieu de dépôt sûr, avantageux, qui, en leur procurant un intérêt de leurs fonds, les mette à l'abri des retards, des inconvénients et des dangers du dépôt entre les mains d'agents qui n'offrent pas la même garantie. » Le principal avantage de la consignation pour les créanciers est, en effet, de n'avoir plus à se préoccuper de l'insolvabilité actuelle ou future du détenteur des fonds. Cette insolvabilité trop fréquente avait déjà auparavant alarmé le législateur, qui avait imaginé, pour y remédier, des institutions analogues à notre Caisse des dépôts et consignations (V. à cet égard Edit d'octobre 1772, lois des 3 septembre 1791, 23 septembre 1793 et 28 nivôse an XIII).

18. — On s'étonnera peut-être qu'une obligation si salutaire ne se retrouve point en matière d'ordre. L'insolvabilité du tiers acquéreur n'est pas moins à craindre que celle du tiers simple détenteur de fonds. Sans doute l'immeuble subsiste, et faute de paiement des bordereaux, il pourra être saisi ou vendu sur folle enchère ; mais que de frais, que de lenteurs et que de difficultés on aurait évitées en rendant la consignation obligatoire !

19. — En 1858, lorsqu'on réforma les procédures de saisie immobilière et d'ordre, on songea à modifier le Code de procédure civile sur ce point et à rendre la consignation obligatoire. Le projet du gouvernement, art. 776, était ainsi conçu : « Quel que soit le mode d'aliénation, l'acquéreur ou adjudicataire est tenu de déposer son prix en principal et intérêts à la Caisse des consignations dans les 60 jours de l'ouverture de l'ordre, sauf les conventions qui interviennent entre les intéressés après la vente ou adjudication. — Il peut être dispensé de consigner : 1° la somme qui lui revient comme créancier en ordre utile ; 2° celle que tout autre créancier également en ordre utile consent à laisser entre ses mains ; dans ces cas, le juge détermine la somme que l'acquéreur ou adjudicataire est autorisé à retenir provisoirement ; s'il y a contestation, il est statué par le tribunal, sans retard des opérations de l'ordre.— Lorsqu'il est établi par le règlement de l'ordre que l'acquéreur ou l'adjudicataire a été autorisé à retenir une somme trop forte, l'état définitif est exécutoire contre lui jusqu'à concurrence du capital et des intérêts à rapporter. — Si, à l'expiration du délai de 60 jours ci-dessus fixé, l'acquéreur ou adju-

dicataire n'a pas consigné le prix ou la partie du prix à laquelle
est réduite la consignation, la revente sur.folle enchère peut
être poursuivie par tout créancier, le vendeur ou le saisi, sur
le vu d'un certificat constatant le défaut de consignation. »

A la réflexion, on estima que l'obligation de consigner offrait
plus d'inconvénients que d'avantages ; on supprima donc l'article 776 du projet et la consignation demeura une mesure
purement facultative pour le tiers acquéreur.

20. — L'exposé des motifs énumère heureusement les
avantages de la réforme proposée. « Au nombre des mesures
depuis longtemps demandées pour la prompte expédition des
ordres et le recouvrement plus facile des capitaux par les
créanciers, on a réclamé avec insistance le dépôt du prix par
l'acquéreur dans un délai plus ou moins rapproché de l'ouverture de l'ordre, et tout au moins avant sa clôture. Les
avantages de cette précaution sont aperçus au premier examen.
L'acquéreur ne pourra jamais être qu'un acheteur sérieux et
solvable ; on ne courra plus le risque de n'avoir pour débiteur
du prix qu'un spéculateur qui a espéré réaliser un bénéfice
sur son acquisition pendant le long intervalle de temps que
lui promet le règlement d'un ordre à suivre. L'adjudicataire
ou acquéreur qui n'a pas son argent disponible n'interviendra
plus dans la procédure avec la seule intention d'entraver son
cours, sans s'inquiéter des pertes qu'il occasionne aux créanciers. La loi dit que les bordereaux sont exécutoires contre
l'acquéreur ; la vente n'a été faite que pour payer les créanciers et souvent ces créanciers ne sont pas plus avancés après
qu'auparavant ; ils ont dû attendre longtemps ; les intérêts se
sont ajoutés au prix et en ont rendu le paiement plus difficile
par l'acquéreur. On a même remarqué que chez les habitants
de la campagne la manie de posséder des terres les pousse à
acheter sans avoir l'argent nécessaire pour payer ; que le

rendement de la terre, n'étant jamais au niveau de l'intérêt du prix, amenait presque toujours la nécessité de nouvelles poursuites, d'une seconde vente et de nouveaux frais. Enfin la vente sur folle enchère a souvent lieu pour obtenir l'exécution des bordereaux. »

Ainsi la nécessité de consigner aurait pour résultat : 1° d'écarter des enchères les acquéreurs insolvables ou peu solvables et les spéculateurs ; 2° d'empêcher toute procédure dilatoire de la part de l'acquéreur ; 3° de simplifier les paiements par la remise à chaque créancier d'un mandat à vue sur la caisse, et 4° d'empêcher l'emploi des coûteuses voies de recours qui appartiennent aux créanciers contre un acquéreur qui ne peut payer.

21. — Bien que graves, ces raisons n'arrêtèrent pas, nous le savons, le législateur de 1858. C'est que des objections en apparence considérables furent faites au projet. Tout d'abord, disait-on, la nécessité de consigner dans les 60 jours de l'ordre engagerait les acquéreurs à retarder autant que possible cette ouverture même. — L'objection serait sans réplique si l'ouverture de l'ordre dépendait de la seule volonté de l'acquéreur. Il n'en est pas ainsi : l'art. 750, C. pr. civ. nous indique, s'il s'agit d'une vente sur saisie immobilière, que la poursuite de l'ordre appartient en premier lieu au saisissant, sinon au créancier le plus diligent, à la partie saisie ou à l'adjudicataire et l'art. 772 C. pr. civ. nous indique, s'il s'agit d'une vente volontaire, que la poursuite de l'ordre appartient « au créancier le plus diligent ou à l'adjudicataire » et cet article ajoute que l'ordre « peut être aussi provoqué par le vendeur, mais seulement lorsque le prix est exigible aux termes du contrat. » D'ailleurs ne serait-il pas facile d'éviter jusqu'à l'apparence même de cette objection, en fixant pour point de départ du délai imparti à la consignation non pas le jour de l'ouverture de l'ordre mais le jour de la transcription de l'acte ou du jugement d'aliénation, transcription que la loi du 23 mars 1855 a rendue nécessaire pour la transmission de la propriété au regard des tiers et que le vendeur ou le saisi pourraient d'ailleurs faire opérer à défaut de l'acquéreur ?

Les adversaires du projet objectaient en second lieu que la valeur de la propriété foncière serait diminuée, parce qu'on écarterait des ventes d'immeubles tous les amateurs qui ne seraient pas en mesure de payer le prix dans les deux mois, et du même coup on nuirait aux créanciers dont le gage aurait diminué de valeur (¹). — Cette objection était déjà en

(1) Nous lisons dans le rapport présenté par M. Riche au nom de la Commission législative : « La présence réelle du capital dans le coffre de l'acquéreur, c'est un fait rare, c'est l'enfance de la civilisation ; pour transformer s es titres en numéraire il faut le temps, l'opportunité ; au paysan, pour se libérer, il faut le temps, l'économie. — Mais, s'écrie-t-on, c'est un mal de voir un paysan acheter sans avoir les moyens de payer ! Nous répondrons que la tendance du paysan à devenir propriétaire n'est ni sans utilité morale, ni sans opportunité politique ; que si le paysan emprunte quelquefois, pour payer l'immeuble, à un taux supérieur au revenu de celui-ci, le paysan affamé de terre sera encore bien plus en proie à l'usure lorsqu'il devra consigner sur-le-champ. — La statistique dément d'ailleurs des impressions exagérées ; à l'exposé des motifs, qui proclame que *souvent* la folle enchère a lieu pour le paiement des bordereaux, nous répondrons qu'il n'y a *guère plus d'une folle enchère sur cent ventes judiciaires*. — Cet exposé fait remarquer qu'au cas de purge, l'acquéreur qui notifie doit se déc'arer prêt à payer sur le champ (Art. 2181). Mais c'est là une exigence qui, jointe à l'excès des frais, rend les purges rares ; pour éviter les purges, souvent le contrat délègue le prix aux créanciers hypothécaires. On a si bien reconnu que l'obligation de payer comptant pouvait décourager la purge ou diminuer la valeur vénale de l'immeuble, que le projet hypothécaire de la Législative portait que l'acquéreur purgeant jouirait des délais accordés au débiteur originaire. « Souvent, dit M. de Vatimesnil (Rapport du 25 avril 1850), l'acquéreur trouve de l'avantage à ne pas être forcé de payer intégralement son prix, et les ventes en deviendront plus faciles ». La loi hypothécaire belge (Art. 113) accorde à l'acquéreur purgeant les mêmes termes qu'au débiteur en l'acquit duquel il paie. — Si la loi de Genève, faite pour une population urbaine et riche, exige la consignation, les lois de Piémont et de Belgique n'ont pas suivi cet exemple ». V. la loi du 29 décembre 1819, art. 647, pour le canton de Genève (Bellot, Exposé des motifs, p. 578), l'art. 106 de la loi belge du 15 août 1854 (Pasinomie, 1854, p. 303), et les articles 717 et suivants du Code de procédure italien qui a remplacé le Code sarde (*Codice di procedura civile del regno d'Italia* ; éd. Turin, 1865, p. 221 et s.)

1858 d'une actualité saisissante : on se préoccupait de la dépréciation de la propriété immobilière ; des lois récentes avaient organisé le « Crédit foncier de France » ; une vaste enquête foncière avait eu lieu en 1841 et, à la suite, un projet de réforme hypothécaire avait été élaboré et en partie mis à exécution dans la loi du 23 mars 1855. Depuis, la crise foncière loin de cesser s'est accrue ; la valeur de l'objection est devenue telle qu'elle apparaît sans réplique.

On peut cependant y trouver plusieurs réponses. D'abord il est certain que l'obligation de consigner dans un délai déterminé n'embarrassera guère que les adjudicataires totalement ou presque totalement insolvables, car les autres trouveront sans doute à emprunter facilement, puisque, payant en partie de leurs propres deniers, ils confèreront pour le surplus à leurs créanciers des garanties excellentes. — Une autre raison nous semble plus convaincante. La dépréciation des immeubles, la diminution du crédit réel n'ont-elles pas pour cause sinon exclusive, du moins principale, l'insécurité des transactions immobilières et les vices de notre législation hypothécaire ? L'obligation de consigner à bref délai serait, au contraire, favorable au crédit immobilier puisqu'elle assurerait aux créanciers un paiement à la fois plus facile, plus rapide et plus certain. La terre deviendrait un instrument de crédit plus puissant parce qu'il serait devenu plus sûr ; les capitaux iraient plus volontiers vers elle le jour où les prêteurs de fonds n'auraient plus besoin d'attendre non seulement l'achèvement de l'ordre et la délivrance des bordereaux, mais encore le paiement de ces bordereaux mêmes, pour être assurés de recouvrer leurs capitaux. — Dira-t-on que l'obligation de consigner nuira aux créanciers en diminuant le nombre des amateurs et par conséquent le prix de la vente ? Outre que cette obligation n'écartera guère, comme nous

venons de le dire, que les adjudicataires insolvables, il con-
viendrait de n'imposer cette obligation qu'à l'adjudicataire,
mais non aux créanciers ; ceux-ci seraient libres de renoncer au droit d'exiger la consignation puisqu'il aurait été
établi en leur faveur, et ils pourraient le faire soit avant l'adjudication par une clause insérée au cahier des charges, soit
après cette adjudication par un acte postérieur ([1]).

Cette considération nous suffit pour écarter une autre objection fondée également sur l'intérêt des créanciers. La
Caisse, dit-on, ne paie d'intérêts qu'à partir du 61ᵉ jour du
versement et seulement au taux de 2 o/o (Loi de finances du
26 juillet 1893, art. 60). Sans doute, mais il importe peu,
puisque, d'une part, ils pourront renoncer à leur droit s'ils
en jugent les conséquences trop onéreuses, et puisque, d'autre
part, le bordereau de collocation étant, ainsi que nous le verrons par la suite, immédiatement exécutoire, le paiement en
peut être exigé dès que l'ordonnance de clôture a été rendue.

22. — Quoi qu'il en soit, en principe, dans notre législation actuelle, l'adjudicataire n'est point forcé de consigner.
Ce n'est pas à dire cependant que les créanciers soient entièrement à la discrétion d'un adjudicataire notoirement insolvable : d'abord ils ont pu insérer au cahier des charges une
clause rendant la consignation obligatoire pour l'adjudicataire
dans un délai déterminé ; ensuite ils peuvent, après l'adjudication, s'adresser au tribunal pour faire ordonner cette consignation, conformément à la disposition de l'article 2 10ᵉ de
l'ordonnance du 3 juillet 1816.

23. — Ces droits des créanciers n'empêchent pas qu'une
réforme de la législation nous paraisse désirable sur ce point,

---

(1) Le projet de 1858 ne permettait aux créanciers de dispenser l'adjudicataire
de consigner que par une convention postérieure à l'adjudication.

car, avant l'adjudication, il n'est pas dans l'usage de prévoir l'insolvabilité d'un acquéreur qu'on ne connaît pas, et, après l'adjudication, il faut avoir recours à la justice, entamer un procès, faire des frais, pour obtenir une garantie dont il est impossible aux créanciers de reconnaître encore la nécessité.

La consignation n'est pas non plus toujours possible. Le cahier des charges l'interdit parfois : c'est là une clause licite qui aboutit à la stipulation d'un terme dans l'intérêt des créanciers. La Caisse, en effet, ne donne que 2 o/o d'intérêts, à partir du 61ᵉ jour du versement, elle compte uniformément les mois de 30 jours et les années de 360 : une stipulation ayant pour but de rendre la consignation impossible se comprend donc parfaitement (¹). Dans les ventes amiables une simple stipulation intervenue entre le vendeur et l'acqué- reur ne produirait pas juridiquement ce résultat, car le con- trat hypothécaire donne aux créanciers un droit spécial et direct sur l'immeuble, et ils ne se trouvent plus astreints à suivre, comme les créanciers chirographaires, la foi de leur auteur. Une telle convention ne les priverait donc pas du droit de réclamer la consignation du prix qui représente l'im- meuble vendu.

---

(1) Le taux légal de l'intérêt en matière civile a été réduit à 4 % par la récente loi du 7 avril 1900, laquelle modifie sur ce point la loi du 3 septembre 1807. L'article 1ᵉʳ de la loi nouvelle est ainsi conçu : « L'intérêt légal sera en matière civile de 4 % et en matière commerciale de 5 %. » Cet article est exclusivement relatif au taux de l'intérêt légal et ne concerne nullement le taux de l'intérêt conventionnel, qui demeure aujourd'hui encore fixé à 5 % en matière civile, conformément aux dispositions de la loi du 3 septembre 1807, et reste illimité en matière commerciale, conformément aux dispositions de la loi du 14 janvier 1886. En conséquence, les vendeurs ou saisissants pourraient valablement insérer dans les cahiers de charges une clause obligeant les acquéreurs ou adjudicataires à payer les intérêts de leur prix au taux de 5 %. (La loi du 7 avril 1900 a modifié également les articles 1153 et 1901, C. civ.).

24. — Nous venons de voir ce qu'est le bordereau de collocation et contre qui il est délivré, il nous faut maintenant examiner quels en sont les principaux caractères.

Tout d'abord le bordereau de collocation constitue assurément un *titre authentique*, analogue à la grosse d'un jugement. En effet, il est délivré par le greffier, en exécution du règlement définitif dressé par le juge-commissaire, et il porte la signature de ce greffier. Le bordereau de collocation fera donc preuve par lui-même de son authenticité et, au cas de contestation sur la véracité des mentions portées au bordereau, les contestants devront recourir à l'inscription de faux, à condition toutefois que ces contestations portent sur la bonne foi du greffier comme si, par exemple, celui-ci avait sciemment délivré un bordereau à un créancier non colloqué au règlement définitif.

25. — En second lieu, le bordereau de collocation est un *titre exécutoire*. En effet il doit être revêtu de la formule exécutoire. C'est ce qu'implique nettement l'art. 770 C. pr. civ. ; « le greffier, porte cet article, délivre à chaque créancier colloqué, un bordereau de collocation *exécutoire* contre l'adjudicataire ou contre la Caisse des dépôts et consignations. » Nous aurons l'occasion de voir plus loin (*Infrà*, ch. IV), les conséquences de ce caractère du bordereau de collocation. La plus remarquable est que le tiers acquéreur, s'il s'agit d'un ordre, peut être contraint au paiement non seulement par la voie de la folle-enchère (art. 737 et 744 C. pr. civ.), mais encore par la saisie de ses biens personnels ou de l'immeuble vendu (arg. art. 770 et 713 C. pr. civ.).

Ces deux caractères du bordereau de collocation sont certains, mais il en est d'autres qui présentent de plus grandes difficultés.

26. — On pourrait penser que le bordereau de collocation est un titre pouvant conférer *hypothèque judiciaire*. En effet, le procès-verbal d'ordre est dressé par un juge ; le bordereau de collocation est donc, semble-t-il, une expédition authentique d'une décision judiciaire par laquelle l'existence et la quotité d'une dette sont reconnues. Mais, sur les biens de qui le créancier colloqué pourrait-il prendre inscription ? Sur les biens de l'adjudicataire c'est impossible, car celui-ci n'a contracté aucune dette à l'égard de ce créancier, il n'est tenu que *propter rem* : le procès-verbal d'ordre ne saurait donc être considéré comme un jugement le condamnant en qualité de débiteur, et il ne saurait être question, au regard de l'adjudicataire, d'un acte judiciaire, puisqu'on entend par là une « reconnaissance ou vérification, faite en justice, de signatures apposées à un acte sous seings privés » (art. 2123 C. civ.), ni de décision arbitrale. — Sur les biens du débiteur originaire, c'est également impossible. En effet, l'on entend par jugement une décision contentieuse rendue par un tribunal sur une contestation portée devant lui. Le jugement suppose un débat, un procès. Or si le règlement de l'ordre peut être considéré comme un jugement en ce sens qu'il est établi par un juge, qu'il est susceptible des voies de recours applicables aux jugements (art. 767, C. pr. civ.) et qu'il possède à certains égards l'autorité de la chose jugée, il n'en est pas moins vrai que le juge-commissaire, au moins en principe, n'est pas appelé à statuer sur des difficultés existant entre les créanciers et leur débiteur, mais à établir, au moyen d'une opération de récolement et de classement, les droits de chacun des créanciers d'un même débiteur. Le règlement de l'ordre est donc un acte de juridiction gracieuse ; or il n'y a que les jugements de condamnation qui peuvent emporter hypothèque judiciaire. Même au cas de contestation de la créance colloquée, il est possible que les contredits aient été soulevés par d'autres que le débiteur et, même dans ce cas, c'est en vertu du jugement rendu sur ce contredit, mais non en vertu du bordereau, que les créanciers pourraient prendre hypothèque judiciaire, car le bordereau de collocation est bien une conséquence de la décision rendue, mais non pas cette décision même (argument art. 2117 et 2183 C. civ. Dans notre sens : Aubry et Rau, Cours de droit civil, d'après la méthode de Zachariæ, Paris, 1869, 4ᵉ édit., III, § 265, p. 253; de Vareilles-Sommières, L'hypothèque judiciaire, p. 84; Troplong, Droit civil expliqué. Des privilèges et hypothèques, ou commentaire du titre XVIII du livre III du Code Napoléon, Paris, 1854, 4ᵉ édit., II, n° 442 4°; Duranton, Cours de droit français suivant le Code civil, Paris, 1844, 4ᵉ édit., XIX, n° 337 *bis*; P. Pont, Explication théorique et pratique du Code civil, t. x et xi. Commentaire traité des privilèges et hypothèques et de l'expropriation forcée, Paris, 1876, 3ᵉ édit., I, n° 588; Thézard, Du nantissement, des privilèges et hypothèques et de l'expropriation forcée, Paris, 1880, n° 77; Baudry-Lacantinerie et de Loynes, Traité théorique et pratique de droit civil. Du nantissement, des privilèges et hypothèques et de l'expropriation forcée, Paris, 1898, 2ᵉ édit., t. ii, n° 1225. *Contrà* : Cass Req. 24 décembre 1890. D. P. 92. 1. 183, S. 92. 1. 301).

27. — Le bordereau de collocation n'opère pas davantage, au regard de celui qui l'a obtenu, *novation* de la créance originaire. La novation consiste dans une substitution d'une nouvelle obligation à une ancienne, l'ancienne obligation se trouvant éteinte avec tous ses accessoires par la nouvelle obligation qui prend sa place. La novation par changement de débiteur exige essentiellement le consentement du créancier et du nouveau débiteur, leur volonté certaine sinon

expresse (art. 1273 C. civ.). Or ici il est bien évident au contraire que le créancier en produisant à l'ordre ou à la contribution, loin de vouloir libérer son ancien débiteur, a mani-
festé énergiquement l'intention de poursuivre contre lui le
paiement de sa créance. Le bordereau procure au créancier
une plus grande certitude de paiement ; sur le prix des biens
mis en distribution, ce bordereau établit au profit du créancier une détermination plus exacte de son gage et de sa
créance dont il facilite ainsi le paiement. Mais le créancier
n'a pas entendu en produisant renoncer à toutes les autres
garanties qui devaient lui assurer son paiement. Sinon le
créancier diligent qui aurait produit en temps utile et aurait
été colloqué serait plus mal traité que le créancier négligent
qui aurait été forclos faute d'avoir produit. En effet si le tiers
acquéreur est insolvable, il n'est pas impossible que le créancier colloqué ne reçoive nullement le paiement de sa collocation, surtout s'il occupe le dernier rang dans le règlement de
l'ordre. Si l'on admettait qu'il y a novation, il faudrait décider que l'ancienne dette étant éteinte par le seul fait de la
délivrance des bordereaux, il perdrait ainsi tout recours
contre son ancien débiteur. A la suite de l'ordre ouvert sur
le prix des autres immeubles de ce débiteur, il arriverait
donc que des créanciers plus négligents que lui et auxquels
il était peut-être préférable, seraient colloqués et désintéressés.
Non seulement par conséquent rien n'indique que le créancier colloqué ait jamais eu l'intention de libérer son ancien
débiteur, mais encore un tel résultat serait manifestement
contraire à la volonté de ce créancier. C'était déjà la solution
du droit romain : *qui pignori plures res accepit, non cogitur
unam liberare, nisi accepto universo quantum debetur* (Ul-
pien, l. 19, Dig. de Pign. et hyp., liv. XX, tit. 1. V. dans ce
sens : Civ. cass., 25 fév. 1839. S. 39. 1. 297. Orléans, 5 mars

1887. S. 88. 2. 189 ; Ollivier et Mourlon, *op. cit.*, n°ˢ 448 et
449 ; Seligman, *op. cit.*, n° 545 ; Audier, Traité de l'ordre,
p. 153 ; Rousseau et Laisney, Dictionnaire théorique et pratique de procédure civile et commerciale, Paris, 1885, v°ordre
et contribution n° 1180 ; Bioche, *op. cit.*, v° ordre n° 719).

On s'appuie pour soutenir l'opinion contraire sur l'autorité
de la chose jugée qui appartient au règlement devenu définitif
après l'expiration des délais accordés pour attaquer le règlement provisoire. En admettant même que le règlement définitif ait l'autorité de la chose jugée, il en résulterait seulement que le rang du créancier et le montant de son bordereau
de collocation ne pourraient être contestés par aucun de ceux
qui furent parties à l'ordre ou à la contribution ; mais le
créancier conserverait néanmoins tous les droits qu'il possédait antérieurement et toutes les sûretés qui garantissaient
ces droits (V. dans le sens de l'opinion précitée, Paris, 25
avril 1838. S. 39. 2. 81 et sous cet arrêt la note de Duvergier).

28. — De ce principe que le bordereau de collocation est
un titre de paiement, mais non pas un titre novatoire, résultent des conséquences importantes :

1° Si la créance est garantie par un cautionnement, la caution subsiste après la délivrance du bordereau de collocation.

2° Le créancier dont l'hypothèque s'étend à plusieurs immeubles pourra, malgré une première collocation, produire
successivement dans tous les ordres ouverts sur ces immeubles, car son droit n'est éteint que par le paiement. Ce créancier pourrait même renoncer au bénéfice de sa collocation et
poursuivre le débiteur originaire sur tous les biens affectés
à sa créance (V. en sens contraire l'arrêt de Paris, 25 avril
1838 cité plus haut, et dans notre sens les autres arrêts également cités). Cette conséquence a été tantôt admise, tantôt

repoussée par la jurisprudence. Elle s'impose cependant. Le débiteur ne peut écarter la demande du créancier antérieurement colloqué, puisque celui-ci s'attaque à des biens affectés à sa créance. Les créanciers qui ont été parties à l'ordre ne le peuvent pas davantage : d'une part le règlement définitif leur a bien imposé l'obligation de subir le rang auquel ils ont été colloqués, mais il ne leur a pas donné le droit d'exiger que le créancier qui leur a été déclaré préférable touche réellement le montant de sa collocation ; d'autre part, comme la production à l'ordre n'a pas amené les autres créanciers, dans le but de procurer à celui-ci une collocation, à faire des sacrifices et à subir ainsi un préjudice, on ne peut pas soutenir que la renonciation du créancier colloqué à se prévaloir de son bordereau de collocation ait lieu au détriment des autres créanciers ni qu'elle soit contraire à une sorte de transaction intervenue antérieurement. Enfin les créanciers qui n'ont pas produit dans le premier ordre ne peuvent pas davantage s'y opposer : ils ne peuvent se prévaloir de la collocation attribuée au créancier dans cet ordre, puisqu'ils n'y ont pas été parties et que le règlement de cet ordre est pour eux *res inter alios acta* (V. dans ce sens la note déjà citée de Duvergier dans S. 1839. 2. 81 ; Ollivier et Mourlon, *op. cit ,* n° 449 ; Metz, 2 avril 1857. D. P. 58. 2. 81 et D. Rép. vᵒ Ordre entre créanciers, n° 1167 et vᵒ Priv. et hyp. n° 2353).

3ᵒ Une femme mariée qui aurait été colloquée provisoirement dans un ordre ouvert sur le prix d'un immeuble de son mari garderait le droit de subroger un créancier dans l'effet de son hypothèque légale sur tous les immeubles de son mari autres que celui ou ceux dont le prix a été distribué dans l'ordre (V. Civ. cass., 18 décembre 1854. D. P. 55. 1. 33).

4ᵒ Le créancier qui aurait obtenu collocation dans deux ordres en même temps pourrait ne réclamer son paiement que dans l'un de ces deux ordres indifféremment (V. dans ce sens, mais avec une distinction que nous ne pouvons admettre, D. Rép , v° Ordre entre créanciers, n° 1167 5°).

5° En cas d'insuffisance, dans le premier ordre, de la portion du prix due par l'adjudicataire, le créancier peut attaquer pour obtenir paiement les adjudicataires des autres immeubles (V. Chauveau, *op. cit.,* Q. 2608 *ter*).

6° Le crédit-rentier qui aurait été colloqué dans un ordre, soit pour partie, soit pour la totalité de la rente, aurait le droit de se faire colloquer dans un ordre subséquent pour la totalité de cette rente, sous la seule condition de renoncer à la collocation précédente. La Cour de Paris (V. D. Rép., v° Priv. et hyp., n° 2319) a admis, au contraire, que le crédit-rentier qui avait obtenu dans un ordre une collocation partielle ne pouvait se faire colloquer dans un ordre subséquent pour la totalité du capital de la rente. — Cette décision est contraire au principe de l'indivisibilité de l'hypothèque. Ainsi que le fait remarquer Dalloz (*loc. cit.*), « si l'on peut contraindre le crédit-rentier à se contenter pour gage d'un seul immeuble, quand il paraît suffisant pour sa sûreté, il faut au moins que cet immeuble réponde de la *totalité* de la dette. Or que fait la Cour de Paris par le mode de collocation adopté? Elle oblige le crédit-rentier à s'adresser à plusieurs pour avoir paiement de sa rente, quand il lui serait plus avantageux, et que c'est son droit, de n'avoir affaire qu'à un seul » (1).

---

(1) Jugé que l'acceptation par un créancier hypothécaire, porteur d'un bordereau de collocation, de billets souscrits par le tiers acquéreur pour le montant du bordereau, mais sous la réserve des droits résultant de ce bordereau, n'opère pas novation et que le créancier peut poursuivre, en vertu de son bordereau, l'acquéreur qui ne s'est pas libéré. — Orléans, 18 nov. 1836. S. 37. 2. 144 et D. P. 36. 2. 100.

29. — Cette idée fausse que le bordereau de collocation aurait pour résultat d'opérer une novation de la créance originaire provient de ce que certains effets du bordereau sont analogues à ceux d'une novation. Le créancier colloqué acquiert un droit contre le tiers acquéreur ou contre la Caisse des dépôts et consignations qui deviennent ainsi ses débiteurs directs. Une transformation s'est donc opérée dans le droit du créancier colloqué qui a acquis de nouveaux débiteurs. Il n'y a pas là une novation puisque, nous l'avons vu, l'ancien débiteur n'est pas pour cela libéré. Il n'y a pas non plus une simple indication de paiement, ainsi qu'on le dit souvent d'une manière assez impropre, puisque le tiers acquéreur ou la Caisse sont *obligés* directement au regard de chaque créancier colloqué (V. en sens contraire Civ. cass., 25 févr. 1839. S. 39. 1. 297; Orléans, 5 mars 1887. S. 88. 2. 189). La vérité est que la délivrance des bordereaux constitue une sorte de *délégation imparfaite* par laquelle le créancier *acquiert un nouveau débiteur sans libérer l'ancien* (anal. art. 1275, C. civ. V. dans ce sens Ollivier et Mourlon, *op. cit.*, n° 450).

L'effet de cette délégation est de procurer au créancier deux débiteurs pour une seule créance, de telle sorte que, s'il réclame son paiement de l'un et s'il l'obtient, la créance sera forcément éteinte au regard de l'autre. Mais les deux débiteurs ne sont pas pour cela tenus au même titre; en principe c'est le tiers acquéreur ou la Caisse des dépôts et consignations qui sont obligés d'acquitter la dette et c'est seulement une faculté pour le créancier de renoncer au bénéfice de son bordereau de collocation pour se pourvoir contre les autres biens du débiteur originaire affectés à sa dette.

29bis. — De cette sorte de délégation imparfaite résultent les conséquences suivantes :

1° « Non seulement le créancier colloqué peut abandonner les poursuites contre l'adjudicataire pour ne s'adresser qu'au débiteur, mais réciproquement, alors même qu'il se serait privé de l'action contre le débiteur, par exemple parce qu'il l'aurait laissé prescrire contre lui, il peut encore poursuivre l'adjudicataire pendant trente ans, à partir de l'exigibilité de la collocation » (Ollivier et Mourlon *op. et oc. cit.*).

2° Au cas où le bordereau de collocation demeurerait impayé, le débiteur originaire pourrait être personnellement poursuivi par le créancier porteur du bordereau (V. Bioche, *op. cit.* n° 231 ; Chauveau *op. cit.* Q. 2183bis).

3° Si la somme en distribution vient à être perdue, par exemple au cas d'insolvabilité du tiers acquéreur ou bien des trésoriers-payeurs généraux et des receveurs particuliers qui remplacent la Caisse des dépôts et consignations dans les départements, cette perte sera supportée par le créancier colloqué, sauf son recours contre le débiteur originaire (V. *infrà* chap. IV).

4° Tout créancier qui n'est pas complétement désintéressé dans une contribution peut produire à un ordre (V. Bioche, *op. cit.* n° 233, et Garsonnet *op. cit.*, t. IV, § 868).

5° Les intérêts de la créance qui jusqu'au jour de l'ordonnance de clôture avaient couru contre le débiteur originaire, cessent à partir de cette époque d'être dus par lui, et alors même que la créance n'aurait pas été auparavant productive d'intérêts, ils sont dus soit par le tiers acquéreur, soit par la Caisse des dépôts et consignations (art. 672 et 765 C. pr. civ., V. d'ailleurs *infrà*, ch. II, n° 84).

30. — Puisque le bordereau de collocation ne procure pas au débiteur originaire sa libération, il ne saurait être regardé comme un titre dont la délivrance équivaudrait à paiement. De là suivent deux conséquences fort importantes :

1° Au cas de distribution par contribution, les créanciers opposants doivent, aux termes de l'art. 660 C. pr. civ., dans le mois qui suit la sommation qui leur a été faite en exécution de l'art. 659 du même Code, produire à peine de forclusion leurs titres entre les mains du juge-commis, avec acte contenant demande en collocation et constitution d'avoué. Cette forclusion qui s'applique incontestablement aux créanciers opposants qui ont été sommés, s'applique-t-elle également aux créanciers non opposants et par conséquent non sommés ? Nous ne le pensons pas, car ces créanciers ne sauraient supporter la peine d'une négligence qui ne leur est pas imputable et se trouver exclus d'une distribution où ils n'ont pas été appelés. Il s'ensuit que ces créanciers non sommés auront le droit de demander à être colloqués sur le prix non seulement après l'expiration du délai accordé par l'article 660 C. pr. civ. aux créanciers opposants et sommés, mais même après la délivrance des bordereaux et jusqu'au moment du paiement effectif. En effet, le règlement de la contribution étant pour eux *res inter alios acta,* ne leur est pas opposable (V. dans ce sens : Rouen 18 avril 1828. D. P. 29. 2. 95. D. Rép. v° Distr. par Contr. n° 94, et Garsonnet, t. IV. § 868. — *Contrà :* Paris 30 mars 1848. D. P. 49. 2. 54, Metz 16 août 1849. D. P. 56. 2. 128, Rouen 31 mai 1850. D. P. 54. 5. 251, Civ. Cass. 13 nov. 1861. D. P. 61. 1. 143, Alger 11 fév. 1878. D. P. 79. 2. 185).

En conséquence nous admettrons que le syndic d'une faillite déclarée avant le paiement des bordereaux a le droit de revendiquer les deniers au nom et pour le compte de la masse, et de s'opposer valablement au paiement de ces bordereaux. C'est une conséquence de ce principe que les poursuites individuelles, même commencées, doivent cesser aussitôt qu'a lieu la déclaration de faillite (V. les arrêts précités).

2° La délivrance du bordereau de collocation n'a point pour effet de subroger le créancier auquel il appartient dans tous les droits du saisi ou du vendeur contre le tiers acquéreur. En effet, toute subrogation, conventionnelle ou légale, suppose nécessairement un paiement; or la délivrance du bordereau n'équivaut pas à paiement. En conséquence, les créanciers colloqués n'ont point le droit de demander en leur nom personnel contre l'acquéreur la résolution de la vente de l'immeuble dont le prix a fait l'objet de la distribution, en cas d'inexécution des bordereaux, mais ils pourront seulement exercer cette action en résolution au nom de leur débiteur conformément à l'article 1166 C. civ. et, dans le cas où l'acquéreur aurait revendu l'immeuble à un sous-acquéreur, ils ne pourront pas davantage se faire payer par privilège sur le prix de revente en vertu de leurs bordereaux, mais ils devront provoquer un nouvel ordre, où ils seront colloqués sur le montant du prix attribué à leur débiteur, à la seule condition que l'inscription d'office ait été conservée par une inscription régulière (V. *infrà*, ch. IV, n° 127. Dans notre sens : Orléans 18 nov. 1836. S. 37. 2. 144. D. P. 37. 2. 100. — En sens contraire, Bourges 21 févr. 1837. S. 38. 2. 62; Bourges, 12 fév. 1841. S. 41. 2. 617. D. P. 42. 2. 96; Seligman *op. cit.* n° 394).

31. — On a prétendu que la délivrance du bordereau de collocation produisait encore un autre effet fort important. C'est seulement à partir de ce moment que le créancier *serait dispensé de renouveler l'inscription de son hypothèque* sans risquer d'encourir une déchéance et de perdre ainsi son rang.

La doctrine et la jurisprudence reconnaissent que le renouvellement de l'inscription cesse d'être obligatoire quand l'hypothèque a produit son effet légal, ce qui a lieu dès que le droit du créancier se trouve reporté de l'immeuble sur le prix. Les divergences ne se manifestent que lorsqu'il s'agit de déterminer le moment précis où cet effet est produit.

Afin de faire mieux comprendre la question qui nous occupe, nous examinerons successivement, mais aussi brièvement que possible, les diverses opinions formulées à ce sujet.

Dalloz (Rép. v° Priv. et hyp. n° 1678) enseigne que ce moment est précisément *celui de la délivrance des bordereaux, ou plutôt de leur paiement.* « Nous pensons, dit-il, que ce n'est qu'après la clôture de l'ordre, après que les bordereaux de collocation ont été délivrés aux créanciers hypothécaires sur l'adjudicataire, qu'on peut réellement dire que l'inscription a produit tout son effet ; car la délivrance de ces bordereaux est suivie d'un paiement immédiat et le créancier colloqué, en donnant quittance du montant de sa collocation, doit, aux termes de l'article 772, C. pr. civ., consentir la radiation de son inscription. » L'inscription ne produirait donc son effet légal que lorsque le créancier hypothécaire est désintéressé, et, à vrai dire, la dispense du renouvellement de l'inscription se produirait non point à l'époque de la délivrance, mais à celle du paiement.

D'autres auteurs (V. notamment Merlin Rep. v° Inscr. hyp. § 8bis, n° 5), estiment que le créancier est tenu de renouveler son inscription *jusqu'au moment de l'ouverture de l'ordre et même de la production de ses titres.* Cette doctrine a été parfois accueillie par la jurisprudence. « Attendu, dit un arrêt de la Cour d'Amiens du 21 février 1828, que l'effet légal de l'hypothèque inscrite est de suivre l'immeuble sorti des mains du créancier et d'avoir une action sur le prix ; que le premier effet est produit par l'adjudication de l'immeuble ; que le second effet est atteint par l'ouverture et la signification du

procès-verbal d'ordre au créancier hypothécaire qui n'a pu
être appelé à l'ordre qu'en vertu de son inscription ; qu'il lui
est de là inutile de la renouveler, le fait de l'inscription se
trouvant ainsi constaté, sauf la discussion, de la part des
autres créanciers, de son rang d'hypothèque et de la validité
de l'inscription, comme de celle de la créance » (V. dans ce
sens : Caen 6 avril 1824. D. Rép. v° Priv. et hyp. n° 1680 2°
et Toulouse 20 mai 1828. D. Rép. eod. v° n° 1677 3°).

En dehors de ces deux opinions qui fixent le moment où le
créancier se trouve dispensé de renouveler son inscription
d'une manière uniforme, quelle que soit la nature de la vente
à la suite de laquelle l'ordre s'est ouvert, il existe d'autres
opinions, beaucoup plus généralement admises, qui distinguent
selon qu'il s'agit d'une vente volontaire ou d'une vente sur
expropriation forcée.

Lorsqu'il s'agit de *ventes volontaires ou de ventes assimi-
lables,* la grande majorité des auteurs et une jurisprudence
presque constante reconnaissent que la vente n'opérant pas
mutation de propriété au regard des tiers et la transcription
ne rendant pas l'acquéreur débiteur personnel des créanciers
du vendeur, l'inscription n'a point encore produit son effet
légal puisqu'elle demeure nécessaire pour l'exercice du droit
de suite. On convient aussi que cet effet ne saurait être attribué ni à la sommation de payer ou de délaisser, ni même à
un jugement condamnant l'acquéreur à payer ou délaisser,
car les créanciers inscrits n'acquièrent ainsi aucune action
personnelle contre l'acquéreur et continuent à n'avoir contre
lui que leur action hypothécaire. On décide donc généralement
que la dispense de renouvellement est *un effet de la purge,*
car l'acquéreur, aux notifications qu'il adresse aux créanciers
inscrits, doit joindre l'offre de les payer sur-le-champ jusqu'à
concurrence de son prix d'acquisition (art. 2183 et 2184 C. civ.).

Le désaccord commence lorsqu'il s'agit d'établir à quel moment précis de la procédure de purge cesse l'obligation de renouveler les inscriptions. Quelques auteurs estiment que cet effet se produit *non pas le jour même où la notification a eu lieu, mais quarante jours seulement après cette notification* et à condition qu'aucune surenchère ne survienne dans ce délai, parce que jusqu'à l'expiration de ces quarante jours la notification ne constitue qu'une offre que les créanciers sont libres d'accepter ou de refuser, ce qu'ils font au moyen d'une réquisition de surenchère. Lorsque ce délai vient à expirer sans que cette réquisition se soit produite, le silence des créanciers constitue une acceptation tacite, et, dès lors, un contrat existe entre ces créanciers et l'acquéreur (V. Troplong *op. cit.* III n°ˢ 723 et 724. — Pont *op. cit.* II n° 1060. — Laurent, Principes du droit civil français. Paris, Bruxelles 1878, 2ᵉ éd. XXXI, n° 140 ; et pour la jurisprudence, les arrêts de Toulouse 30 juillet 1835 et Paris 16 janvier 1840 dans D. Rép. v° Priv. et hyp. n° 1685 5°).

D'après la majorité des auteurs et des arrêts, au contraire, l'obligation de renouveler l'inscription cesse *du jour même de la notification.* La notification ne constitue pas une offre dans le sens ordinaire du mot, car l'acquéreur n'est pas libre de retirer cette offre qui constitue pour les créanciers un droit indépendant de sa volonté. « Par cette raison même, dit M. Colmet de Santerre, il est impossible de considérer l'offre comme une simple pollicitation qui ne deviendrait une convention complète que par l'acceptation. Il n'y a pas là un projet de convention, une proposition demandant à être acceptée pour être sérieuse ; il a été fait un acte commandé par la loi dans l'intérêt de certains tiers ; l'acte étant accompli, un droit est né en faveur de ces tiers, comme naît un droit en faveur des créanciers d'une succession par une acceptation de l'héritier. Ce n'est pas la théorie des conventions qui est en jeu, et par conséquent il n'y a pas à arguer du caractère imparfait des pollicitations » (V. Colmet de Santerre, Cours analytique de Code civil, par M. A. Demante, continué depuis l'art. 980 par Colmet de Santerre, Paris, 1880, IX, n° 134bis et XIV *in fine*. — Dans ce sens également : Aubry et Rau *op. cit.*, t. :ii, § 280, texte et note 23, p. 379 ; Grenier, Traité des hypothèques, Clermont-Ferrand, 1829, 5ᵉ éd. I, n° 112 ; Duranton *op. cit.* XX, n° 167 ; Baudry-Lacantinerie et de Loynes, *op. cit.* III, n° 1805 ; — et pour la jurisprudence : Paris 29 août 1815, S. 15. 2. 175, Bordeaux 10 juillet 1823, D. Rép. v° Priv. et hyp. n° 1685 2° et S. 23. 2. 246, Montpellier 30 juillet 1827, S. 27. 2. 211, Lyon 16 février 1830, S. 31. 2. 292, Civ. rej. 8 ou 9 juillet 1834, D. Rép. eod. v° n° 1685 4°, Rouen 23 mars 1846, D. P. 47. 2. 10 et Cass. 21 mars 1848, D. P. 48. 1. 117 et S. 48. 1. 273, Bourges 20 novembre 1852, D. P. 56. 2. 27, Colmar 27 avril 1853, D. P. 55. 2. 238, Dijon 13 août 1855, D. P. 56. 2. 101 et S. 55. 2. 618 et Cass. rej. 19 juillet 1858, D. P. 58. 1. 345 et S. 59. 1. 23, Paris 24 mars 1860, D. Rép. suppl. v° Priv. et hyp. n° 1096, et S. 60. 2. 235, Cass. Req. 15 mars 1876, D. P. 78. 1. 64 et S. 76. 1. 216, Civ. Cass. 14 novembre 1882, D. P. 83. 1. 271 et S. 83. 1. 177).

Les partisans de la première opinion en déduisent logiquement que s'il survient une surenchère dans les quarante jours, le contrat n'ayant pu se former, le droit des créanciers subsiste sur l'immeuble, et que, comme la vente sur surenchère est assimilable à une vente sur saisie, c'est d'après les règles relatives à ces ventes que l'on devra déterminer l'époque à laquelle cessera l'obligation de renouveler les inscriptions (V. Troplong, *op.* et *loc. cit.* n° 726, Pont, *op.* et *loc. cit.* n° 1061, et Laurent, *op.* et *loc. cit.* n° 142).

Les partisans de la seconde opinion décident que la surenchère ne modifie en rien les droits du créancier. « L'accomplissement des formalités de la purge, disent Aubry et Rau,
est un fait que la surenchère ne saurait faire disparaître ni en
soi, ni dans ses conséquences légales pour les créanciers.
L'offre du prix faite à ces derniers constitue pour eux un
avantage ou un droit irrévocable en ce qu'elle sera sûrement
réalisée, soit par l'acquéreur lui-même, soit par le surenchérisseur », de telle sorte que, comme le font remarquer ces
auteurs, « la surenchère ne fait que substituer un nouvel
acquéreur au premier et assure de plus en plus les droits des
créanciers en augmentant la somme à distribuer » (V. Aubry
et Rau op. cit., t. III. § 280, texte et note 24, pp. 379 et 380,
Colmet de Santerre op. cit. IX, n° 134bis XV, Baudry-Lacantinerie et de Loynes op. et loc. cit. n° 1806 ; et pour la
jurisprudence : les arrêts cités dans D. Rép. v° Priv. et hyp.,
n° 1686 1° et Suppl. eod. v° n°s 1152 et 1483, Dijon 13 août
1855, D. P. 56. 2. 101 et S. 55. 2. 618, Civ. Cass. 19 juillet
1858, D. P. 58. 1. 345 et S. 59. 1. 23, Cass. Req. 15 mars
1876, D. P. 78. 1. 64 et S. 76. 1. 216).

Lorsque la vente à la suite de laquelle l'ordre s'est ouvert
est une *adjudication sur expropriation forcée,* la question de
savoir quelle est l'époque à partir de laquelle le créancier est
dispensé de renouveler son inscription, a donné naissance à
deux opinions.

D'après la première opinion, cette époque est *celle du jugement d'adjudication.* Les créanciers inscrits sont parties à la
saisie depuis la sommation qui leur est adressée conformément
à l'article 692 C. pr. civ., et l'adjudicataire est lié envers eux
par une sorte de quasi-contrat, de telle manière qu'il ne peut
se libérer qu'entre leurs mains. La conséquence de ce quasi-
contrat est que le droit des créanciers est reporté de l'immeuble

sur le prix dû par l'adjudicataire. L'hypothèque a donc produit son effet légal et·n'a plus besoin d'être renouvelée (V.
dans ce sens Duranton *op.* et *loc. cit.* n° 163, Troplong *op.* et
loc. cit. n° 720, Aubry et Rau *op.* et *loc. cit.* § 280, texte et
note 14, p. 376, Colmet de Santerre, *op.* et *loc. cit.* n° 134bis
XVIII ; et pour la jurisprudence : Civ. Cass. Liège 24 mars
1825, Civ. Cass. 7 juillet 1829 et Cass. Req. 14 juillet 1831,
D. Rép. v° Priv. et hyp. n° 1679 1°, Civ. Cass. 20 décembre
1831, D. Rép. eod. v° n° 667 1°, Toulouse 18 juin 1830. S. 30.
2. 364, Bordeaux 24 février 1831, S. 31. 2. 147, Bordeaux
19 novembre 1868, D. Rép. suppl. v° Priv. et hyp. n° 1087, et
S. 69. 2. 117, Chambéry 12 mai 1869, D. P. 6J. 2. 164, Caen
9 mai 1871, D. P. 76. 2. 102, et S. 72. 2. 225, Toulouse
1ᵉʳ mars 1889, D. P. 90. 2. 70, et S. 90. 2. 129).

D'après la deuxième opinion, la solution précédente aurait
cessé d'être exacte depuis les lois du 23 mars 1855 et 21 mai
1858. L'époque à partir de laquelle les inscriptions sont dis-
pensées du renouvellement se place aujourd'hui *au moment
de la transcription du jugement d'adjudication,* transcription
qui doit avoir lieu dans les quarante-cinq jours qui suivent
cette adjudication. « Attendu, dit la Cour de Bastia (30 avril
1888 et Civ. rej. 4 mai 1891. D. P. 92. 1. 9 et S. 91. 1. 373)
qu'aux termes de l'article 6 de la loi du 23 mars 1855 et de
l'article 717 C. pr. civ. combinés, en cas de saisie immobilière,
c'est la transcription du jugement d'adjudication qui seule a
pour effet d'arrêter le cours des inscriptions et de purger
l'immeuble exproprié des hypothèques dont il était grevé ;
que c'est donc à ce moment-là seulement que, le droit de suite
étant éteint et les créanciers n'ayant plus à exercer qu'un
droit de préférence sur le prix, le rang suivant lequel ils seront payés est reporté de l'immeuble sur le prix et reste définitivement fixé ; que jusque-là l'hypothèque conventionnelle

ou judiciaire n'est valablement conservée qu'au moyen de
l'accomplissement de toutes les formalités légales et notamment au moyen du renouvellement en temps utile des inscriptions hypothécaires susceptibles de péremption » (V. dans ce
sens : Troplong, Transcr. n° 272, Ollivier et Mourlon *op. cit.*
n° 285, Baudry-Lacantinerie et de Loynes *op. cit.* n°ˢ 1790 et
1791 ; et pour la jurisprudence : Aix 10 juin 1884, D. Rép.
Supp. v° Priv. et hyp. n° 1088, D. P. 86. 2. 172, S. 84. 2. 155,
Nîmes 11 juillet 1884, D. P. 85. 2. 159 et S. 84. 2. 155).

32. — Ces diverses opinions exposées, nous pouvons
maintenant discuter plus clairement celui de ces systèmes
contraires qui seul rentre dans le cadre de cette étude. Est-il
exact que le bordereau de collocation ou plutôt son paiement
ait pour effet de faire cesser pour le créancier l'obligation de
renouveler son inscription ?

Nous avons établi que le bordereau de collocation constitue
un titre de créance contre l'acquéreur. Donc, semble-t-il, l'acquéreur n'est vraiment lié envers les créanciers inscrits qu'à
partir de la délivrance des bordereaux. S'il en est ainsi, c'est
que les inscriptions n'avaient pas produit auparavant leur effet
légal. Jusque-là, en effet, les créanciers ne possédaient qu'un
droit de préférence sujet à des contestations, et une créance
dont la liquidation, tout au moins pour les intérêts, n'était
point encore opérée. Après la clôture de l'ordre, le droit de
chaque créancier est devenu précis, opposable à tous les créanciers comme à l'acquéreur lui-même, et susceptible d'une
réalisation immédiate. Or l'effet d'une hypothèque n'est produit que quand le créancier peut faire valoir son droit sur le
prix, car le but de l'hypothèque est d'assurer le paiement.

C'est, néanmoins, avec raison que la jurisprudence et la
doctrine ont refusé d'adhérer à l'opinion du savant juriscon-
sulte Dalloz. L'ordre n'est qu'une opération de classement qui

ne crée pas aux créanciers des droits nouveaux, mais tend
seulement à marquer les effets de droits préexistants. Il suit
de là que tous les droits des créanciers sont antérieurs à
l'ordre qui n'a d'autre effet que de les reconnaître. *A fortiori*
la délivrance des bordereaux par le greffier n'est pas susceptible de modifier la situation des créanciers. — Dalloz confond
l'exercice du droit avec le droit même. Le droit existait, mais
il n'était, avant l'ordre, ni reconnu dans les formes voulues
par la loi, ni peut-être même liquide et exigible : il était donc
impossible de le faire valoir. Après l'achèvement de l'ordre,
ce droit pourra recevoir une exécution immédiate. Tel est
l'effet des bordereaux, et c'est en ce sens seulement qu'il est
vrai de dire que les bordereaux engendrent une sorte de délégation imparfaite par laquelle l'acquéreur devient le débiteur
direct du créancier colloqué. Mais, encore une fois, ni l'ordre
ni le bordereau de collocation ne peuvent créer des droits. —
L'effet légal de l'hypothèque est produit dès que le droit du
créancier inscrit est reporté de l'immeuble sur le prix. Or ce
résultat existe dès l'instant où l'adjudicataire se trouve lié
envers les créanciers par une sorte de contrat ou quasi-contrat.
L'ordre et la délivrance des bordereaux sont de pures formalités ayant pour but de réaliser l'engagement de l'acquéreur
à l'égard des créanciers inscrits. — Quant aux contestations
qui peuvent survenir, ainsi qu'aux déchéances que le créancier peut encourir (art. 755 et 756 C. pr. civ.), elles sont purement relatives à la mise en action du droit, à la procédure,
mais elles supposent l'existence de ce droit même.

La délivrance des bordereaux, pas plus que l'ouverture de
l'ordre, ne font donc cesser l'obligation de renouveler les
inscriptions.

En matière de vente volontaire, la dispense du renouvellement existe à compter de la notification prescrite par les ar-

ticles 2183 et 2184 C. civ., parce que l'offre de l'acquéreur ne peut plus être retirée par lui et sera forcément exécutée, au moins par le surenchérisseur, lequel a dû s'engager, par sa réquisition de surenchère, à prendre l'immeuble pour son compte, si nulle enchère ne survenait au moment de l'adjudication.

En matière de vente sur expropriation forcée, cette dispense n'existe qu'à compter de la transcription du jugement d'adjudication, car le cours des intérêts n'est arrêté qu'à cette époque, ce qui prouve qu'auparavant l'immeuble demeurait légalement au regard des tiers dans le patrimoine du saisi.

33. — La dispense du renouvellement a un *caractère essentiellement relatif* : elle n'existe que vis-à-vis de l'acquéreur ainsi que des créanciers de celui-ci et de ceux du saisi ou vendeur entre eux, mais non pas vis-à-vis des futurs sous-acquéreurs et de leurs créanciers. Cette dispense est, en principe (V. *suprà* n° 32), le résultat d'un contrat intervenu entre l'acquéreur et les créanciers de son auteur. Or il est impossible d'opposer ce contrat aux sous-acquéreurs ou à leurs ayants cause, puisqu'ils n'y ont pas été parties. Nous aurons dans la suite (V. ch. IV, n° 128 4°) à indiquer quelques conséquences fort importantes de ce principe.

34. — Nous devons signaler encore un autre effet général du bordereau de collocation : grâce à lui, *la créance ne sera plus prescrite que par trente ans*, alors même qu'elle aurait été primitivement soumise à une plus courte prescription (Caen, 15 mars 1852. D. P. 54. 5. 529). Sans doute le bordereau n'opère pas novation de la créance primitive. Mais il ne suit pas de ce principe que cette créance continuera à se prescrire de la même manière qu'auparavant. Il se produit dans notre hypothèse un effet analogue à celui d'une demande en paiement d'une créance constatée par une lettre de change ou un billet à ordre (art. 189 C. Com.). Dans ce cas, en effet, il n'y a pas novation de la créance primitive et aucune des sûretés qui y étaient attachées ne disparaît. Pourtant, lorsque le procès se termine par un jugement de condamnation, l'on décide qu'il y a à la fois interruption de la prescription de cinq ans, et, pour l'avenir, substitution à cette prescription de celle de trente ans. La raison en est que le jugement de condamnation forme un titre nouveau qui se substitue à la lettre de change. Il en est tout à fait de même ici : après la clôture de l'ordre, la créance a été reconnue en justice et le bordereau de collocation forme bien un titre nouveau, puisqu'il est exécutoire non pas contre le débiteur primitif, mais contre l'acquéreur. A la vérité, le créancier colloqué a maintenant deux titres distincts : le premier contre son débiteur primitif, le second contre l'acquéreur. — Au bout de trente ans, l'acquéreur sera libéré, alors même que l'ordre serait annulé postérieurement et le créancier évincé de sa créance (V. dans ce sens : Bioche *op. cit.* nᵒˢ 714 et 719, et Garsonnet *op. cit.* IV § 849 ; et pour la jurisprudence : Paris 31 mai 1813, D. Rép. vᵒ Ordre entre créanciers, nᵒ 1194, Civ. Cass. 28 mars 1837, D. Rép. vᵒ Vente publ. d'imm , nᵒ 1769, Rouen 14 novembre 1838, D. Rép. vᵒ Oblig. nᵒ 1737, Cass. rej. 20 avril 1852, D. P. 54. 5. 88, Toulouse 15 décembre 1871, D. P. 71. 2. 255).

CHAPITRE II

Paiement du Bordereau de collocation.

35. — Le créancier qui a produit à l'ordre ou à la contribution n'avait qu'un but : obtenir le paiement de ce qui lui est dû ; ce paiement est donc le principal effet du bordereau de collocation.

36. — Il semble que le paiement ne puisse être immédiatement exigé : en effet, puisque l'adjudicataire ou la Caisse des dépôts et consignations n'ont contracté au regard des créanciers colloqués aucun engagement et que le règlement définitif, œuvre d'un juge, leur est pourtant opposable, il apparaît nécessaire de les avertir au moyen d'une *signification des bordereaux*. « Idem non esse et non significari » ; un acte judiciaire, un jugement n'existent pas, même au regard des parties en cause, tant que la signification n'en a pas été faite et le préliminaire de toute exécution c'est la signification du titre en vertu duquel on prétend agir. L'adjudicataire ou la Caisse seraient-ils fondés à exiger l'accomplissement préalable de cette formalité ?

Les difficultés soulevées par cette question sont surtout relatives au bordereau de collocation délivré à la suite d'un ordre. Ce sont ces difficultés que nous examinerons tout d'abord ; nous envisagerons ensuite celles qui sont relatives au bordereau de collocation délivré à la suite d'une contribution.

Dans le premier cas, trois opinions principales ont été émises :

Un auteur (M. Bressolles, Explications de la loi du 21 mai 1858. Paris, 1858, p. 71, n° 60) soutient qu'aucune signification n'est requise préalablement à l'exécution. A l'appui de son opinion il invoque la discussion qui a précédé le vote de la loi du 21 mai 1858. M. Millet avait déposé un amendement rendant la signification obligatoire conformément aux règles générales en matière d'exécution de jugements. Cet amendement fut rejeté. « La Commission, dit le rapport, n'a pas cru nécessaire, malgré un amendement de M. Millet, la signification des bordereaux à l'adjudicataire qui, averti de l'ouverture de l'ordre, peut aisément en connaître l'issue et doit être prêt à payer s'il n'a pas fait d'arrangements avec les porteurs de bordereaux ». De là M. Bressolles tire cette conséquence qu'il n'est pas nécessaire de signifier le bordereau.

D'autres auteurs, notamment MM. Carré et Chauveau (V. *op. cit.*, Q. 2607 octies) établissent une distinction : ou l'adjudicataire avant toute signification est prêt à payer, ou au contraire il se refuse au paiement. Dans le premier cas la signification est inutile et les motifs donnés par la Commission indiquent qu'elle entend la prohiber comme frustratoire. Donc si le créancier colloqué a signifié, il ne pourra réclamer les frais de signification à l'adjudicataire et devra les supporter. Dans le deuxième cas, il y a lieu de recourir aux voies d'exécution judiciaires et il est nécessaire de donner connaissance à l'adjudicataire du titre en vertu duquel se poursuivra ultérieurement l'exécution ; la signification s'impose alors préalablement au commandement.

Enfin d'autres auteurs et parmi eux MM. Grosse et Rameau (*op. cit.*, t. II, p. 177, n° 465) estiment que le bordereau peut toujours être signifié. « Le bordereau, disent-ils, comme le jugement ne peut être exécuté qu'il n'ait été préalablement signifié ; mais il arrive souvent, *dans la pratique,* que le porteur du bordereau sache que l'adjudicataire ou la Caisse sont disposés à payer sans signification ; et alors, en pareil cas, elle n'a pas lieu. C'est cette *circonstance de fait* qui a paru rendre inutile l'amendement de M. le député Millet, qui rendait la signification obligatoire. » Le bordereau de collocation peut donc toujours être signifié ; mais, en fait, le porteur de ce bordereau peut se dispenser de cette formalité s'il sait l'adjudicataire ou la Caisse prêts à payer.

Voilà des opinions très diverses et qui prétendent cependant toutes être basées sur les termes du rapport de la Commission législative. N'est-ce pas une preuve que ces termes sont ambigus et peu clairs ? D'ailleurs un rapport n'est point un texte législatif auquel on soit contraint de se soumettre ; il ne saurait prévaloir contre les vrais principes auxquels son obscurité même nous force de recourir.

37. — Le bordereau de collocation est un extrait du règlement définitif, c'est-à-dire d'une décision de juge analogue à un jugement. Or pour les jugements le principe est certain ; on l'exprime généralement dans cet adage : « Idem non esse et non significari ». Pourquoi une signification est-elle nécessaire ? Pour faire courir les délais d'opposition ou d'appel, — et pour permettre l'exécution du jugement. Ici il ne saurait être question d'opposition ou d'appel ; le règlement définitif et l'ordonnance de clôture par laquelle il se termine sont bien susceptibles d'opposition, non le bordereau de collocation même. Mais ce bordereau est un titre exécutoire et, conformément au droit commun, il devrait être signifié, préalablement à tout commandement d'exécution. La signification devra donc avoir lieu toutes les fois que l'adjudicataire ou la Caisse *se refuseront au paiement* et qu'il sera nécessaire d'avoir recours aux voies d'exécution.

Ce cas excepté, la signification sera-t-elle toujours possible et non frustratoire ? Il nous faut distinguer selon qu'il s'agit *d'un ordre amiable* ou *d'un ordre judiciaire.*

L'Ordre amiable est (V. *suprà*, Introduction n° 2, p. 2 et 3) une institution analogue au préliminaire de conciliation, en ce sens qu'on y trouve un magistrat chargé d'amener l'accord entre les parties, une convocation par lettres aux intéressés et une amende contre les défaillants. Toutefois l'analogie n'est pas complète car, outre qu'on n'a point ici à tenir compte du nombre ou de l'incapacité des créanciers produisants, l'ordre amiable ne suppose nullement une contestation et consiste dans une simple opération de classement entre diverses créances, subordonnée à l'approbation d'un juge. Aussi la question se pose de savoir si le règlement amiable est une œuvre de juge, analogue à un règlement judiciaire simplifié, ou, au contraire, s'il ne faut y voir qu'une convention entre des créanciers inscrits ou produisants dans laquelle le juge jouerait le rôle d'un notaire. Pour nous l'ordre amiable a un caractère mixte : c'est, d'une part, une convention privée exigeant le concours et le consentement unanime de tous les créanciers produisants ; c'est, d'autre part, une œuvre judiciaire accomplie en présence d'un magistrat qui exerce une juridiction dont il est investi par la loi (V. Garsonnet, *op. cit.*, t. IV, § 792. Preschez, De l'Ordre amiable dans le droit français. Thèse pour le doctorat, Paris, 1880, p. 54 et suivantes et Circulaire minist. du 2 mai 1859 *suprà* Introd. n° 2. Adde, Bordeaux, 13 mai 1863. S. 63. 2. 243 ; Caen, 25 mai 1863. S. 63. 2. 241).

Dans la question qui nous occupe, cette nature mixte de l'ordre amiable nous semble conduire à des solutions différentes de celles que nous adopterons au cas d'ordre judiciaire. Une distinction est nécessaire. De deux choses l'une, en effet : ou l'adjudicataire a donné son consentement à l'ordre amiable, — ou il ne l'a pas donné soit qu'étant présent il l'ait refusé, soit qu'il n'ait pas comparu.

Lorsque l'adjudicataire *a consenti à l'ordre* la signification ne peut se concevoir : entre les créanciers et l'adjudicataire un contrat a été passé dont la conséquence juridique et certaine est la délivrance immédiate des bordereaux de collocation. L'adjudicataire doit payer de suite et il le sait puisqu'il a consenti ; ce consentement a même été donné en forme authentique et exécutoire, et l'adjudicataire qui voudrait attaquer le règlement amiable n'aurait d'autres voies de recours que l'inscription de faux, la requête civile et l'action principale en nullité ou rescision. Une signification n'aurait ici aucune raison d'être, puisqu'elle ne ferait pas courir des délais d'opposition et d'appel et que, par ailleurs, l'adjudicataire connaît déjà le règlement et le contenu de chaque bordereau ; en dehors de toute résistance de sa part à l'exécution des bordereaux, la signification en serait donc frustratoire.

Lorsque l'adjudicataire *n'a point consenti à l'ordre,* où ni sa présence ni son consentement ne sont nécessaires, il semble que la signification soit de rigueur. Comment autrement pourrait-il connaître le contenu des bordereaux ? Objectera-t-on qu'une lettre est suffisante à cet effet ? Mais alors il suffira qu'un seul créancier oublie ou ne se préoccupe pas de prévenir l'adjudicataire pour que celui-ci paie indûment, car comment pourra-t-il savoir alors, si le règlement ne colloque pas à tort un créancier ou si l'ensemble des collocations ne dépasse pas son prix d'adjudication ? Il faut que l'adjudicataire ait le temps d'examiner le règlement amiable (soit qu'il le consulte au greffe, soit qu'il s'en fasse délivrer un extrait sur papier libre) et de voir si le bordereau lui est conforme. Sans doute c'est l'adjudicataire qui paiera les frais de signification.

Mais il lui est très facile de les éviter soit en consignant, soit en se faisant délivrer une copie sur libre du règlement intervenu et en se mettant en rapport avec les créanciers colloqués qu'il paie alors à bon escient, sur la présentation de leurs bordereaux.

S'il s'agit d'un *ordre judiciaire,* en dehors du cas où le créancier refuse de s'exécuter, la signification du bordereau serait frustratoire. On dit pour justifier cette solution, en s'étayant sur les termes du rapport de la commission, que l'adjudicataire « averti de l'ouverture de l'ordre peut aisément en connaître l'issue et doit être prêt à payer. » Ce motif, ainsi énoncé, ne serait peut-être pas suffisant. Mais il convient d'ajouter que l'adjudicataire, averti de l'ouverture de l'ordre, l'est également de son achèvement, car l'article 767, C. pr. civ., dispose que « dans les trois jours de l'ordonnance de clôture, l'avoué poursuivant la dénonce par un simple acte d'avoué à avoué » et cette dénonciation est signifiée à tous les intéressés et notamment à l'adjudicataire ou acquéreur, afin qu'il tienne ses fonds prêts et qu'il puisse attaquer le règlement définitif s'il se croit lésé. Que s'il n'attaque pas ce règlement dans les délais il est légalement tenu de payer et son refus à cet égard est devenu très peu probable, d'autant qu'il l'exposerait aux saisies et à la folle enchère. C'est à cette présomption de fait que le rapport de la Commission semble faire allusion. Sans doute le créancier colloqué pourra avoir intérêt à signifier le bordereau, soit afin de préciser sa réquisition de paiement, soit afin de faire connaître à l'adjudicataire le chiffre des frais colloqués au rang de sa créance et non liquidés au règlement définitif; mais, en dehors de toute résistance dolosive de l'adjudicataire, il devra le faire à ses frais.

En résumé : au cas de refus de payer, le bordereau de collocation doit être signifié avant toute mesure d'exécution; il devrait encore l'être, avant paiement et en dehors de toutes difficultés, au cas d'ordre amiable si l'adjudicataire n'y a pas concouru. — Ces cas exceptés, le créancier colloqué devrait supporter les frais de la signification qu'il aurait fait faire.

Avant d'en venir aux mesures de rigueur, le créancier agira donc sagement en faisant auprès de l'adjudicataire des démarches amiables. Dans la pratique on prévient par lettre recommandée l'adjudicataire ou l'acquéreur qu'un bordereau, dont on indique avec soin le montant, a été délivré contre lui et qu'on le prie de s'acquitter du total de la somme en principal, intérêts et frais portée à ce bordereau et en plus d'une somme à déterminer pour les intérêts courus à dater du règlement définitif.

38. — *Lorsqu'il s'agit d'une contribution*, le bordereau de collocation n'est jamais délivré qu'en exécution d'une procédure judiciaire, la contribution amiable étant l'équivalent de l'ordre consensuel. Le créancier porteur d'un bordereau n'aura pas à le signifier à la caisse ; celle-ci, en effet, connaît l'état de répartition au moyen de l'extrait qui lui a été remis par l'avoué poursuivant (Ordonnance du 3 juillet 1816, art. 17), et, comme cette signification n'est pas prévue par le tarif, elle serait à la fois inutile et frustratoire. Toutefois si la Caisse refusait le paiement, il y aurait lieu de signifier avec commandement et le paiement pourrait être exigé dans les dix jours qui suivraient (Même ordonnance, art. 15. V. *infrà*, ch. II, n° 81). — Les mêmes règles s'appliquent, en matière d'ordre, lorsque l'adjudicataire ou acquéreur a consigné.

39. — Le paiement des bordereaux de collocation doit être poursuivi, selon les cas, soit *contre un acquéreur*, soit *contre la Caisse des dépôts et consignations*. Nous diviserons donc ce chapitre en deux sections, où nous étudierons successivement les règles du paiement par le tiers acquéreur et par la Caisse.

Section I

Paiement des Bordereaux par l'acquéreur (1).

40. — Le bordereau de collocation est un titre exécutoire qui oblige l'adjudicataire ou acquéreur, s'il n'a pas consigné, à payer au créancier colloqué le montant de la somme portée au bordereau. Or, comme ce bordereau est un titre authentique, œuvre d'un juge, signé par son greffier, comme il est revêtu de la formule exécutoire, provision lui est due et dès lors, en principe, l'adjudicataire auquel il est représenté, doit s'exécuter *immédiatement*.

41. — Est-ce à dire que l'adjudicataire ne pourra jamais s'opposer au paiement immédiat des bordereaux ? Les motifs sur lesquels il peut s'appuyer pour refuser de payer, sont très divers, mais on peut les classer ainsi : ou bien il attaquera le règlement définitif et les collocations qu'il renferme, — ou bien il prétendra que le bordereau a été irrégulièrement délivré par le greffier, ou bien enfin il invoquera une cause postérieure à l'ordonnance de clôture.

---

(1) Nous rappelons qu'en principe il ne pourra être question dans cette section que des règles du paiement en matière d'ordre (V. *suprà*, nos 17, 18 et 19, pages 22 à 25). Les règles du paiement en matière de contribution seront examinées dans la section suivante. Nous envisagerons uniquement dans cette section les règles de paiement qui concernent les bordereaux délivrés à la suite d'un ordre ; les mêmes règles sont applicables, *mutatis mutandis*, aux bordereaux délivrés contre un détenteur de fonds, à la suite d'une contribution.

42. — On décidait avant la loi de 1858 que l'adjudicataire ne pouvait se fonder sur la nullité de l'ordre ou de l'une des créances colloquées pour refuser le paiement, par ce motif qu'étant demeuré étranger à la procédure il ne lui appartenait pas de la critiquer (V. Cass., 20 mars 1837. S. 37. 1. 349). La loi nouvelle a fait place à l'adjudicataire dans la procédure de l'ordre judiciaire ; l'ouverture de l'ordre est dénoncée à son avoué (art. 753 C. pr. civ.), et il se trouve ainsi appelé à y prendre part. Si quelque nullité survient au cours de l'ordre, si une créance est entachée d'un vice, il a droit à toutes les voies de recours qui appartiennent aux créanciers, soit contre le règlement provisoire, soit contre le règlement définitif. Lorsque l'ordonnance de clôture a été rendue, la loi (art. 767, C. pr. civ.) veut que dénonciation lui en soit faite dans les trois jours, afin qu'il puisse former opposition à cette ordonnance dans la huitaine suivante. Passé ce délai le règlement est devenu inattaquable, il a acquis l'autorité de la chose jugée et il n'appartient plus à l'adjudicataire de le remettre en question.

Toutefois, malgré l'autorité de la chose jugée qui appartient au règlement définitif, le juge pourrait toujours rectifier une *erreur matérielle* qui se serait glissée dans ce règlement et dans les collocations par lui établies. L'adjudicataire, dans l'intervalle et jusqu'au moment où le créancier lui présentera le bordereau rectifié, serait en droit de refuser le paiement.

Lorsqu'il s'agit d'un règlement amiable, il faut distinguer selon que l'adjudicataire y a ou non comparu.

Du caractère que nous avons reconnu à l'ordre amiable (V. *suprà*, nº 37, page 54), il suit que le règlement de cet ordre possède l'autorité de la chose jugée, conformément à l'article 1351 C. civ., à l'égard des personnes qui y ont été parties et notamment à l'égard de l'adjudicataire lorsqu'il y a assisté.

Et l'adjudicataire ne saurait, en se fondant sur une prétendue
nullité de l'ordre ou des créances colloquées, retarder le paiement de ces dernières, car le règlement amiable n'est susceptible ni d'opposition parce qu'il implique la présence et le
consentement des intéressés, ni d'appel parce qu'il constitue
autant une convention qu'un jugement proprement dit (V. dans
ce sens Paris 16 fév. 1861, D. P. 61. 3. 87, Paris 8 déc. 1874,
D. P. 76. 2. 219, Cass. 12 nov. 1872. S. 73. 1. 161).

Lorsque l'adjudicataire a été absent de l'ordre amiable, il
peut parfois s'opposer au paiement des bordereaux, notamment lorsque le montant total des collocations se trouve dépasser le prix d'acquisition. Dans ce cas (et à condition qu'il
ne s'agisse pas d'une simple erreur matérielle que le juge peut
toujours rectifier), il devra payer les créanciers colloqués jusqu'à concurrence de ce prix d'acquisition, car jusque-là il est
un tiers désintéressé qui doit exécuter les ordres de la justice.
Au delà de ce prix, les collocations établies par les créanciers
sous le contrôle et la sanction du juge lui causent un préjudice,
et, ainsi, il devient une partie intéressée dans une décision
judiciaire rendue en dehors d'elle. Cette décision n'aura donc
pas à son égard l'autorité de la chose jugée ; au bordereau de
collocation, titre exécutoire, il pourra répondre par une opposition au règlement. L'avoué poursuivant ou celui de la partie
la plus diligente suivra l'instance et l'opposition sera jugée
sommairement, comme incident de l'ordre.

43. — Lorsque l'adjudicataire se fonde sur ce motif que
le bordereau a été *irrégulièrement délivré,* il peut se refuser
à payer immédiatement. Provision n'est due, en effet, aux
titres authentiques, que s'ils sont en eux-mêmes inattaquables,
car un titre n'est point authentique s'il n'a été délivré par un
officier public compétent « *avec les solennités requises* » par

la loi (art. 1317 C. civ.). L'adjudicataire pourra donc refuser
de payer un bordereau qui ne serait pas signé par le greffier,
qui ne contiendrait pas les énonciations nécessaires, qui aurait
été délivré avant que le juge ait rendu son ordonnance de
clôture, en un mot, qui serait irrégulier dans la forme.

44. — L'adjudicataire, en troisième lieu, peut encore
refuser de payer *pour cause survenue postérieurement à
l'ordonnance de clôture*. Il peut tout d'abord former opposition
à la délivrance des bordereaux et cette opposition sera jugée
conformément à l'art. 767 C. pr. civ. Si la cause pour laquelle
l'adjudicataire refuse de payer n'a pris naissance que depuis
la délivrance même du bordereau de collocation, il a le droit
de se pourvoir en référé : le juge du référé lui accordera
termes et délais, et, pour le jugement à intervenir, renverra
les parties à se pourvoir au principal. Cette procédure nous
paraît plus régulière que celle qui consisterait à faire juger la
question soit par le juge du référé, puisque celui-ci, compétent
pour juger une question de fait présentant un caractère d'ur-
gence ou pour statuer sur l'exécution d'un titre authentique,
est incompétent pour juger sur le fond du droit, — soit par le
tribunal tout entier, puisque la nécessité d'exécuter un titre
authentique auquel provision est due empêcherait l'adjudicataire d'attendre la décision à intervenir. — Parmi les motifs
qui dispensent l'adjudicataire d'un paiement immédiat, nous
indiquerons d'abord le cas où un créancier, omis dans le règlement d'ordre, aurait signifié une opposition entre les mains
de cet adjudicataire. Quel que soit le recours que cet adjudicataire pourra exercer dans la suite, il n'en a pas moins un
intérêt évident à ne pas effectuer un paiement qui pourrait
être dans l'avenir une source de difficultés et les créanciers
colloqués seraient mal fondés à se plaindre, puisque le créancier opposant réclame seulement le paiement de ce qui lui est

dû et n'a pu encourir d'ailleurs aucune déchéance. — L'adjudicataire peut encore s'opposer à la délivrance des bordereaux et même refuser de les payer, s'ils ont été délivrés, lorsqu'il a juste sujet de craindre une éviction. L'article 1653 C. civ. décide, en effet, que « si l'acheteur est troublé ou a juste sujet de craindre d'être troublé par une action soit hypothécaire, soit en revendication, il peut suspendre le paiement du prix jusqu'à ce que le vendeur ait fait cesser le trouble, à moins qu'il n'ait été stipulé que, nonobstant le trouble, l'acheteur paiera. » Les créanciers colloqués peuvent faire cesser le trouble en donnant caution et exiger le paiement immédiat de leurs bordereaux. Le vendeur ou le saisi auraient le même droit pour obtenir le paiement du reliquat disponible après satisfaction de tous leurs créanciers. La Cour de Dijon a d'ailleurs décidé (Dijon 8 février 1817. S. 1817. 2. 236) que la délivrance des bordereaux de collocation pouvait être ordonnée, encore que l'indemnité due à l'adjudicataire ne soit pas réglée, lorsqu'il était certain en fait qu'après l'acquit des bordereaux, il resterait à ce dernier une somme suffisante pour lui assurer le paiement de son indemnité. En pareil cas, en effet, l'adjudicataire se trouvant dès maintenant garanti contre l'éviction, son refus de payer les bordereaux cesse d'avoir une cause légitime et ne peut plus être que dilatoire.

En dehors de ces cas assez rares, où il a juste motif de refuser le paiement, l'adjudicataire peut être, en principe, immédiatement contraint à s'exécuter, sans pouvoir critiquer les faits contenus au bordereau et qui ont acquis à son égard l'autorité de la chose jugée.

45. — Les bordereaux sont immédiatement exécutoires : tel est donc le principe. Mais cette règle, même lorsque l'adjudicataire ne se trouve pas dans un des cas où il peut légitimement refuser le paiement, comporte certaines exceptions qui tiennent *à la nature des créances colloquées*. Parfois, en effet, le paiement d'une collocation ne peut avoir lieu avant l'expiration d'un certain laps de temps ou l'arrivée d'une certaine condition. C'est ce qui se produit toutes les fois que le droit du créancier colloqué est ou *indéterminé dans son étendue,* ou *incertain dans son existence.*

En 1858, la Commission du Corps législatif s'était préoccupée des difficultés soulevées par de telles situations et elle avait arrêté un mode de collocation qui leur eût été applicable. Le Conseil d'Etat rejeta ce projet (V. le rapport dans D. P. 1858. 4. 55, n° 79). La loi n'a donc pas fixé, dans les circonstances qui nous occupent, le sort du prix dû par le tiers acquéreur.

46. — Pour le déterminer, nous examinerons successivement : d'abord *les collocations dont le quantum est déterminé mais qui sont conditionnelles,* — et ensuite *celles dont le quantum est indéterminé.*

47. — I. Au premier abord il semble qu'au nombre des créances colloquées dont le montant est déterminé, mais qui ne sont pas susceptibles d'un paiement immédiat, il eût fallu comprendre les *créances à terme.* Il n'en est rien : les créanciers à terme doivent en effet obtenir une collocation actuelle et définitive. Il y en a deux raisons. La première ne concerne que l'ordre : on sait qu'un des effets de la purge est de rendre exigibles toutes les créances hypothécaires (art. 2184 C. civ.); or la purge a dû être opérée préalablement à l'ouverture de l'ordre dans le cas de vente volontaire, et, dans le cas d'expropriation forcée, elle résulte de la procédure même qui a été suivie pour parvenir à la vente (V. Aubry et Rau *op. cit.,* t. III, § 285, p. 418, et D. Rép. v° Priv. et hyp. n° 2272. 1°). La deuxième raison s'applique plus spécialement à la procé-

dure de contribution. Pour que cette procédure soit suivie, il
faut, en effet, que le débiteur soit tombé en déconfiture (V.
Garsonnet *op. cit.*, t. ɪᴠ, p. 779). Que si le créancier à terme
est le poursuivant, il y a déchéance du terme ; que s'il est
seulement produisant, il profite de cette déchéance, que le
terme soit un terme conventionnel ou un terme de grâce. Dans
tous les cas, par conséquent, le créancier à terme touchera
immédiatement le montant de sa collocation.

48. — Lorsque la créance colloquée est *subordonnée à
une condition,* il faut distinguer si cette condition est *résolutoire* ou *suspensive.*

49. — *La condition résolutoire* « ne suspend point l'exécution de l'obligation ; elle oblige seulement le créancier à
restituer ce qu'il a reçu dans le cas où l'événement prévu par
la condition arrive » (art. 1183 C. civ.). Le créancier sous
condition résolutoire est donc dès maintenant créancier, mais
il peut cesser de l'être ; c'est pourquoi l'on définit généralement l'obligation soumise à une telle condition : *pura obligatio quæ sub conditione resolvitur.* Il s'ensuit que ce créancier doit obtenir une collocation actuelle ; mais, puisque cette
collocation devra être restituée, le cas échéant, il lui faudra
fournir caution ou garantie équivalente aux créanciers inuti-
lement colloqués afin d'assurer cette restitution éventuelle
(V. Aubry et Rau *op. cit.*, t. ɪɪɪ, § 285, p. 418).

Un cas assez curieux de condition résolutoire résulte de ce
principe que les privilèges généraux de l'article 2101 C. civ.
n'affectent les immeubles que subsidiairement et à défaut de
mobilier (art. 2105 C. civ.). Les créanciers qui sont garantis
par ces privilèges doivent donc d'abord produire sur le prix
provenant de la vente du mobilier. Mais si l'ordre a été
ouvert avant la contribution, ils ont pu valablement produire

à l'ordre ; et, dans ce cas, la collocation qu'ils obtiennent est subordonnée à cette condition résolutoire que le prix du mobilier ne sera point par la suite suffisant pour les désintéresser (V. Houyvet *op. cit.*, n° 191, et Pont *op. cit.*, n° 242).

50. — *La condition suspensive*, à la différence de la condition résolutoire, a pour effet de retarder la naissance même de l'obligation, laquelle dépend de l'arrivée d'un événement futur et incertain. Tant que cet événement ne s'est pas réalisé, l'obligation n'existe pas, et, dès lors, il est impossible d'en ordonner l'exécution (art. 1181 C. civ.). Mais, si le créancier conditionnel ne peut obtenir une collocation actuelle et immédiate, on ne peut davantage rejeter entièrement sa demande, car elle se trouve justifiée par le droit conditionnel qu'il possède ; il faut par conséquent conclure que ce créancier sera colloqué éventuellement pour le cas où la condition viendrait à se réaliser. Les créanciers postérieurs pourront-ils alors toucher le montant de leurs bordereaux sans donner aucune garantie à ce créancier éventuel ? Ce serait compromettre arbitrairement les droits de ce dernier : il a incontestablement le droit d'exiger que les fonds restent provisoirement entre les mains de l'acquéreur ou soient versés à la Caisse des dépôts et consignations. Ces deux alternatives ont leurs inconvénients : la première fait subir injustement aux créanciers les risques de l'insolvabilité du tiers acquéreur, et la deuxième diminue le montant de la somme à distribuer, la Caisse ne payant les intérêts qu'au taux de 2 °/₀ (loi de finances du 26 juillet 1893, art. 60) et seulement à partir du soixante et unième jour qui a suivi la consignation (ordonnance du 13 juillet 1816, art. 14). La loi 13 § 5 Dig. De pig. et hyp. XX, 1 et l'art. 16 de l'Edit des criées de 1551 indiquaient une solution permettant de concilier les droits de tous ; elle consistait à passer outre aux oppositions pour créances condition-

nelles « à la charge que les opposants postérieurs seraient
tenus obliger et hypothéquer tous et chacun leurs biens, et
bailler caution idoine et suffisante de rendre et restituer les
deniers, qui par eux seront reçus, à l'opposant ou opposants
pour raison de ladite garantie, qui seraient trouvés être précédents en hypothèques auxdits opposants auxquels la distribution aurait été faite ». Telle était également la solution
enseignée par Pothier (V. Proc. civ. IVᵉ partie, ch. II, section 5,
art. 12, § 2, n° 655, éd. Bugnet); elle nous semble pouvoir être
adoptée encore aujourd'hui (V. notamment dans ce sens :
Merlin. Rép. vº Ordre entre créanciers § IV, Duranton *op. cit.*
XX, n° 383, Troplong *op. cit.* IV, n° 959 *ter,* Aubry et Rau
op. cit., t. III, § 285, p. 418 ; et pour la jurisprudence, Cass.
4 avril 1815, dans D. Rép. vº Priv. et hyp. n° 2330 2º. — En
sens contraire : Bugnet sur Pothier, *loc. cit.*). En principe
donc, le tiers acquéreur peut conserver les fonds entre ses
mains ou les consigner, sauf le droit pour les créanciers postérieurs de demander que le capital leur soit versé immédiatement, à charge par eux de fournir caution ou gage équivalent.

Mais si ces trois solutions s'offrent au juge, il nous paraît
incontestable, dans le silence de la loi, qu'aucune ne s'impose
à lui ; c'est à sa sagesse qu'est confié le soin de concilier les
intérêts en présence au moyen de l'un de ces trois procédés.
Toutefois, s'il ordonne le dépôt des fonds, il ne peut prescrire
que ces fonds seront employés ou déposés dans un établissement autre que la Caisse des dépôts et consignations (Cass.
29 août 1870. D. P. 71. 1. 353), et, s'il autorise les créanciers
postérieurs à toucher le montant de la collocation, il devra
obliger à fournir caution non point les créanciers dont la collocation suit immédiatement la collocation conditionnelle, mais
ceux qui sont colloqués en dernier lieu et cela d'une manière
suffisante pour sauvegarder la créance conditionnelle, car ce

sont ces créanciers seuls qui devront rapporter le montant de cette dernière créance, le cas échéant. Enfin nous reconnaissons que si les créanciers avaient des craintes justifiées, en apparence tout au moins, concernant la solvabilité de l'acquéreur, ils pourraient exiger la consignation des fonds.

51. — Supposons maintenant que la condition vienne à se réaliser : le créancier conditionnel touchera le montant de son bordereau. Mais pendant le temps qu'elle est demeurée soit à la Caisse, soit entre les mains du tiers acquéreur, soit entre celles des créanciers postérieurs, la somme qui a été réservée en vue du paiement de ce créancier a produit des intérêts. A qui ces intérêts appartiendront-ils ? Le principe qui nous servira à résoudre cette question, c'est que, par l'effet de sa collocation, le créancier conditionnel ne doit obtenir ni plus ni moins qu'il n'eût obtenu si l'ordre n'avait été clos qu'après la réalisation de la condition, ou qu'en d'autres termes le mode de collocation employé à son égard ne doit lui procurer aucun autre avantage que la sécurité qui en résulte pour sa créance. Dès lors de deux choses l'une : ou bien la portion réservée du prix est suffisante pour garantir le paiement du capital : dans ce cas les droits du créancier éventuel étant pleinement sauvegardés, les intérêts profiteront aux créanciers postérieurs; — ou bien la portion réservée est insuffisante pour garantir le créancier conditionnel : dans ce cas ce créancier pourra compléter le montant de la somme qui lui est due aux termes du bordereau à l'aide de la capitalisation des intérêts que cette somme aura pu produire au moment de la réalisation de la condition. Un autre argument vient fortifier cette solution, en matière d'ordre : le droit hypothécaire du créancier conditionnel porte en effet sur l'immeuble et ses fruits et par conséquent sur le prix de l'immeuble et les intérêts de ce prix ; un créancier postérieur n'a droit à aucune parcelle du prix tant que le créancier conditionnel qui le précède n'est pas entièrement désintéressé. Ce système est suivi par la jurisprudence (V. Cass. 28 juillet 1874. D. P. 75. 1. 121 et la note. *Adde* D. Rép. v° Priv. et hyp. n° 2330 5° et 6° et les arrêts rapportés).

52. — La pratique offre des exemples fort nombreux de collocations soumises à une condition suspensive. C'est ce qui arrive notamment lorsqu'un créancier produit dans un ordre pour une *hypothèque de garantie*. On appelle ainsi une hypothèque destinée à sanctionner l'obligation qui incombe à un contractant de garantir son cocontractant des dangers résultant pour ce dernier de l'exécution du contrat ou de son inexécution. Les dangers, en vue desquels l'hypothèque a été consentie, peuvent être de natures fort diverses : tantôt ils sont spéciaux et délimités, comme lorsqu'un immeuble dotal a été vendu avec garantie contre la dotalité ou lorsqu'on redoute l'action en nullité exercée par un incapable pour lequel un tiers intervenant au contrat s'est porté fort ; tantôt, au contraire, ils sont généraux et indéterminés, comme lorsqu'un vendeur s'engage à garantir l'acheteur contre tous dangers d'éviction prévus ou imprévus. Ces hypothèques de garantie, outre qu'elles donnent lieu à de grandes difficultés au moment du règlement de l'ordre, sont de nature à retarder presque indéfiniment le paiement des bordereaux, surtout dans le second cas, et à rendre ainsi indisponible, en vue d'une hypothèse qui ne se réalisera peut-être jamais, une partie considérable de la fortune de celui qui les a consenties sans se rendre un compte suffisant de leur importance future. Aussi conviendrait-il d'établir un délai préfix au-delà duquel toute hypothèque de garantie serait dépourvue d'effet, à moins que le garanti n'indiquât dans sa réquisition d'inscription le danger spécial et précis en vue duquel cette inscription est prise (V. Houyvet *op. cit.* n° 192).

53. — II. Les développements qui précèdent nous permettront d'exposer plus rapidement les difficultés qui peuvent se présenter lorsqu'il s'agit de *créances indéterminées*, c'est-à-dire dont la quotité ne peut être établie lors de la délivrance des bordereaux, mais seulement lors de l'événement d'une certaine condition, comme sont celles qui appartiennent aux femmes mariées contre leur mari ou aux mineurs et interdits contre leurs tuteurs. C'est ce cas que la Commission du Corps législatif avait plus spécialement en vue de régler. « La présence dans un ordre, dit le rapport (¹), de créances dont la quotité est subordonnée à l'événement d'une liquidation de succession ou d'indemnité, d'un compte de tutelle, etc., place les juges dans l'alternative du sursis ou de mesures provisoires. Sans pouvoir prohiber d'une manière absolue le sursis, surtout lorsqu'il est consenti par tous les intéressés et si l'événement de la liquidation est prochain, reconnaissons que le sursis n'est nullement dans l'esprit de la loi nouvelle ! Il nous avait donc paru sage de fixer le moyen de pourvoir aux éventualités, comme les Codes génevois et sarde n'ont pas dédaigné de le faire. Le juge évaluera la créance indéterminée, et, selon les circonstances, attribuera la somme au titulaire de cette créance, à charge de rendre l'excédant de l'évaluation sur la liquidation, — ou aux créanciers postérieurs, à charge de rendre l'excédant de la liquidation sur l'évaluation. S'il s'agit de créance subordonnée à une condition suspensive, l'attribution sera faite aux créanciers qui suivent celui dont le droit n'est pas encore réalisé ; si la condition est résolutoire, l'attribution sera faite à celui auquel appartient la créance menacée par cette condition. — L'obligation de rendre sera

---

(1) Nous croyons utile de reproduire ce passage en entier, bien que certains points se rapportent aux développements précédents.

garantie par une caution ou par l'emploi de la somme laissée aux mains de l'adjudicataire ou placée en rentes sur l'Etat. — Le Conseil d'Etat a rejeté cet amendement, laissant ainsi à la pratique les avantages de la liberté et les inconvénients de l'incertitude » (V. le rapport dans D. P. 1858. 4. 55, n° 79).

54. — Nous n'avons pas à rechercher dans cette étude quelles sont parmi les créances indéterminées celles que le juge-commissaire devra admettre ou rejeter dans le règlement de l'ordre (V. sur ce point les traités juridiques concernant la matière des privilèges et hypothèques et notamment Aubry et Rau *op. cit.*, t. III, § 385) ; nous nous bornerons à examiner dans quelles conditions le paiement des collocations relatives à ces créances pourra être effectué.

Tout d'abord il est certain qu'aussi longtemps que dure le mariage ou la tutelle (pour ne parler que des deux hypothèses les plus fréquentes), aucun paiement définitif ne peut être fait, car le droit des mineurs, des interdits ou des femmes mariées ne s'ouvre qu'au moment de la cessation de la tutelle ou de la dissolution du mariage (sauf exception pour le cas où les époux sont séparés de biens, la femme pouvant alors toucher immédiatement) ; et, dans le dernier cas, non seulement la quotité de la créance mais son existence même peut dépendre de l'option que la femme aura plus tard à exercer entre l'acceptation et la renonciation à la communauté, ou de telle autre condition insérée au contrat de mariage, par exemple de cette condition assez usuelle qu'elle survivra à son mari.

Comment le juge-commissaire conciliera-t-il les intérêts de ces créanciers éventuels et ceux des créanciers postérieurs ; à qui d'entre eux appartiendra-t-il de toucher le montant du bordereau ; à quelles conditions le toucheront-ils ? Telles sont les questions que nous devons résoudre et qui présentent une certaine analogie avec celles que nous venons d'examiner.

Les pouvoirs de ce juge-commissaire sont fort larges ; à condition de ne léser aucun des intérêts légitimes en présence, il a le choix entre les diverses solutions que nous allons exposer. Le Conseil d'Etat, en effet, en rejetant le projet de la Commission, lui a laissé, suivant les expressions mêmes du rapport, « les avantages de la liberté et les inconvénients de l'incertitude. »

Si l'époque de la liquidation est proche, comme lorsque le mineur va atteindre sa majorité ou lorsqu'une communauté, déjà dissoute, n'est pas encore liquidée, le juge pourra ordonner le sursis et fixer un délai dans lequel cette liquidation devra avoir lieu.

Mais, si cette époque est éloignée ou incertaine, force sera bien au juge de colloquer provisoirement et pour mémoire le créancier éventuel. Dans ce cas, deux hypothèses peuvent se présenter. Les créanciers postérieurs peuvent demander à toucher le montant des sommes réservées en offrant de donner caution ou garantie suffisante pour assurer la restitution, le cas échéant ; cette solution, qui présente peu d'inconvénients, sera généralement adoptée ; elle a le grand avantage de ne pas tenir indéfiniment en suspens les intérêts des créanciers postérieurs (V. *dans ce sens* Civ. Cass. 9 janv. 1855. D. P. 55. 1. 28, Pont t. ii, nº 1426, et Aubry et Rau, t. iii, § 295, p. 545).

Mais il peut arriver que les créanciers postérieurs ne puissent ou ne veuillent pas offrir un gage suffisant. On se trouve alors en présence de deux opinions contraires. D'après une première opinion, le juge devrait évaluer la créance indéterminée ; il allouerait cette somme au titulaire, à charge par lui de remettre l'excédant de la liquidation sur l'évaluation, s'il y en a, aux créanciers postérieurs ; puis il colloquerait ces derniers sur le reste du prix, à charge par eux de compléter la somme due au créancier éventuel si, par l'effet de la liquidation, le montant de sa créance se trouvait être supérieur à l'évaluation du juge (V. *dans ce sens* le rapport de la Commission du Corps législatif cité plus haut et Bertauld, Rev. prat. de droit français 1860, t. x, p. 215). — Cette opinion sera souvent impossible à appliquer dans la pratique : il sera, en effet, fort difficile au juge d'évaluer même approximativement la créance indéterminée, car il lui faudra tenir compte de circonstances qu'il ignore, par exemple s'il s'agit du compte de tutelle d'un mineur, de toutes celles qui dans l'avenir contribueront à augmenter ou à diminuer sa fortune. Dans ces conditions, permettre aux créanciers postérieurs de toucher l'excédant du prix sur l'évaluation, sans offrir aucune garantie, ce serait compromettre les droits du créancier dont la créance est indéterminée et l'exposer à n'avoir plus ensuite qu'un recours illusoire contre des créanciers auxquels il était préférable.

Reste la seconde opinion. Le juge scinderait l'ordre en deux parties ; il procéderait à un règlement partiel pour toutes les créances d'un rang antérieur aux créances indéterminées et n'achèverait son travail qu'après la liquidation de ces dernières. Dans l'intervalle, les fonds que le premier règlement aurait laissés disponibles resteraient entre les mains de l'adjudicataire ou seraient déposés à la Caisse des dépôts et consignations, les créanciers ayant toujours le droit d'exiger le dépôt si l'adjudicataire ne présente pas de garanties suffisantes (V. Aubry et Rau *op. cit.*, t. iii, § 295, p. 545). Quant aux intérêts de la partie réservée du prix, on suit les règles que nous avons exposées lorsque nous avons parlé des créances conditionnelles dont le quantum est déterminé, c'est-à-dire qu'ils profitent aux créanciers postérieurs lorsque cette partie réservée est suffisante pour désintéresser le créancier dont la collocation est indéterminée, et que, dans le cas contraire, ce créancier aura le droit de compléter la somme qui lui est due d'après la liquidation au moyen de la capitalisation de ces intérêts. De toutes façons, ce créancier doit donc être complètement payé du montant maintenant fixé de son bordereau avant que les créanciers postérieurs puissent toucher.

54bis. — Parmi les diverses sortes de créances dont le quantum est indéterminé, il en est une dont la collocation est particulièrement délicate : c'est la *rente viagère*. Les difficultés auxquelles les collocations des rentes viagères ont donné naissance sont plutôt relatives aux règles que le juge devra suivre pour les établir ; néanmoins comme la solution adoptée par ce juge est de nature à modifier les règles habituelles du paiement des bordereaux, il convient d'indiquer ici ces difficultés et les conséquences qui en résultent.

Le crédit-rentier ne peut exiger d'être colloqué pour le montant intégral du capital nécessaire au service régulier des arrérages de la rente. En effet, depuis sa constitution, la valeur de la rente a forcément diminué, puisque le créancier a vieilli. D'ailleurs, ce n'est pas à un capital que ce créancier a droit, mais seulement à des arrérages (Arg. art. 1978 C. civ. V. Civ. Cass. 22 janvier 1851. D. P. 51. 1. 5. et Riom 24 août 1863. D. P. 63. 2. 161). D'autre part, le juge ne peut pas davantage ne colloquer le crédit-rentier que pour le montant du prix moyennant lequel la rente a été constituée, car le contrat étant aléatoire est peut-être fort avantageux pour lui et il serait injuste de lui faire perdre cet avantage.

La rente doit donc continuer à être servie, conformément à l'art. 1978 C. civ. ainsi conçu : « Le droit du créancier de la rente est de faire ordonner ou consentir sur le produit de la vente l'emploi d'une somme suffisante pour le service des arrérages. » De cet article il résulte que le crédit-rentier a le droit d'exiger qu'il soit fait emploi d'un capital tel que le service de la rente soit assuré dans l'avenir.

55. — Quel sera le mode d'emploi de ce capital, entre quelles mains sera-t-il déposé et par qui dès lors s'effectuera le service des arrérages ? Des solutions diverses ont été proposées. Les uns décident qu'il doit être procédé à une adjudication au rabais de la somme suffisante pour assurer le service de la rente (V. notamment Houyvet *op. cit.*, n° 203 et S. Caen 18 mai 1813, dans D. Rép. v° Priv. et hyp. n° 2315). Cette solution nous paraît peu juridique, car elle donne au créancier un débiteur autre que celui avec lequel il avait contracté et surtout elle lui enlève les garanties qu'il possédait sans lui en donner en échange. — D'autres pensent que le crédit-rentier peut être colloqué pour le montant intégral du capital jugé nécessaire au service de la rente (V. Dalloz Rép. *loc. cit.*). C'est là une mesure grave pour les créanciers postérieurs, qui auront à courir le risque de l'insolvabilité future du crédit-rentier ; puis ce crédit-rentier n'a droit qu'à des arrérages et non pas à un capital, il obtiendrait donc ainsi plus qu'il ne lui est dû.

Il reste par conséquent que ce capital devra être soit déposé à la Caisse des dépôts et consignations, soit laissé entre les mains du tiers acquéreur, soit versé aux créanciers postérieurs.

La première solution n'offre pas de difficultés ; c'est assurément la meilleure et la plus commode : le crédit-rentier, ainsi que les créanciers postérieurs, ne courent aucun risque sérieux, car la solvabilité de la Caisse, ou des préposés dans les départements, n'est pas douteuse ; mais l'intérêt fourni par cette Caisse n'étant que de 2 %, le capital mis en réserve devra être fort élevé, ce qui portera préjudice aux créanciers postérieurs.

La deuxième solution n'est possible qu'avec le consentement de l'acquéreur, d'une part, du crédit-rentier et des
autres créanciers, d'autre part ; car le premier a incontestablement le droit de se libérer ou de consigner, et les créanciers ne peuvent être contraints de supporter, après la clôture
de l'ordre, les risques de l'insolvabilité future d'un tiers acquéreur qui ne leur apporterait pas des garanties suffisantes.

Enfin la troisième solution, qui consiste à colloquer immédiatement les créanciers postérieurs en rang et à les obliger
au service de la rente, n'est possible qu'avec le concours tant
du crédit-rentier, lequel ne peut être contraint de diviser son
action entre plusieurs débiteurs ni de renoncer aux hypothèques qu'il possédait pour accepter des débiteurs qui n'offri-
raient pas à ses yeux une garantie équivalente, — que des
créanciers postérieurs, lesquels ne peuvent obtenir une collocation immédiate qu'à charge de fournir des sûretés et de
s'obliger solidairement au service de la rente. MM. Aubry et
Rau estiment que l'obligation solidaire des créanciers postérieurs s'engageant à fournir au crédit-rentier des sûretés
équivalentes à celles qui lui avaient été données, est nécessaire et suffisante pour qu'ils aient le droit d'exiger la délivrance du prix ; la volonté du crédit-rentier serait suppléée
par la décision du juge. Nous croyons, au contraire, que la
volonté du crédit-rentier est toujours nécessaire pour accepter
de nouveaux débiteurs en échange de l'ancien (V. sur ces
points Aubry et Rau, *op. cit.*, t. III, § 285, p. 419, note 7 et
les autorités citées par ces auteurs).

56. — Les règles que nous avons précédemment établies
en ce qui concerne le paiement des intérêts des créances conditionnelles ou indéterminées, nous permettront de résoudre
facilement une question qui a divisé les auteurs. Lorsque la
somme qui reste à payer est insuffisante pour assurer le ser-

vice de la rente, on s'est demandé si le crédit rentier aurait
droit à la totalité des arrérages, ou s'il devrait se contenter
des intérêts de la somme réservée. Nous avons établi que
tout créancier dont la créance est conditionnelle ou indéterminée avait le droit de compléter le montant des sommes à
lui dues par la capitalisation des intérêts de la portion réservée du prix. Si nous appliquons cette règle au crédit-rentier, nous l'autoriserons à prélever sur le capital réservé une
somme suffisante pour parfaire les arrérages. La jurisprudence est en ce sens (V. Grenoble, 4 décembre 1855. D. P.
56. 2. 278 ; Riom, 24 août 1863. D. P. 63. 2. 161 et Civ. cass.,
29 août 1870. D. P. 70. 1. 353).

57. — Telles sont les seules exceptions à ce principe général que le paiement du bordereau de collocation doit être
effectué par le tiers acquéreur dès que ce titre lui est représenté.

58. — De ce principe il résulte qu'il n'y a pas lieu de distinguer entre les créanciers hypothécaires et les créanciers
chirographaires et que l'adjudicataire doit les payer *indistinctement* lorsqu'ils se présentent munis du bordereau (V.
Cass., 16 nov. 1854. D. P. 54. 1. 396). Ce résultat paraît tout
d'abord contraire aux règles fondamentales du droit hypothécaire, car le but de l'hypothèque est précisément d'établir
entre les créanciers des rangs de préférence. Que l'adjudicataire devienne pour partie insolvable et cette insolvabilité
pourra retomber sur le créancier privilégié ou hypothécaire,
qui, dans l'ordre, avait obtenu le premier rang. Cette solution
paraît dès lors contraire aux intérêts de l'adjudicataire, car
si, en ajournant le paiement de leurs bordereaux, les créanciers courent le risque de son insolvabilité future, chacun
d'eux se hâtera de lui présenter son bordereau ; le paiement

des bordereaux deviendra le prix de la course, et, l'adjudicataire, obligé de les payer tous dans le même temps, ne trouvera peut-être pas l'argent qu'il eût pu se procurer si on lui avait accordé quelque délai pour se libérer et deviendra de la sorte insolvable. Ces résultats, bizarres déjà lorsqu'il s'agit d'un immeuble unique, le seront bien davantage quand le prix en distribution proviendra de divers immeubles adjugés à des personnes différentes.

Faut-il en conclure que l'adjudicataire devra avoir égard au rang assigné aux divers créanciers dans le procès-verbal d'ordre, et que, si le paiement est immédiat, ce n'est qu'à la condition que le créancier colloqué se présente après que les créanciers antérieurs à lui auront été désintéressés ?

59. — La jurisprudence décide avec raison que l'adjudicataire n'a pas à se préoccuper du rang des créanciers porteurs de bordereaux et qu'il doit payer ceux-ci à vue (V. notamment Aix, 19 mai 1825 ; Cass., 28 fév. 1827. S. 27. 1. 538). En effet pour refuser le paiement l'adjudicataire devrait critiquer l'œuvre du juge, celui-ci n'ayant dû établir ses collocations que sur le montant des sommes à distribuer ; or ce droit, après l'expiration des délais accordés par la loi pour faire opposition à l'ordonnance de clôture, ne lui appartient plus, et le règlement a dès lors acquis à son égard l'autorité de la chose jugée. Même s'il s'agit d'un règlement amiable où il n'est point intervenu, l'adjudicataire n'a point un intérêt légitime à s'opposer au paiement, car il n'est qu'un simple consignataire de fonds chargé d'exécuter les ordres de la justice et son insolvabilité possible n'est pas un motif qu'il puisse invoquer. Il ne peut objecter non plus de prétendus principes du droit hypothécaire. L'article 770, al. 1, C. pr. civ. décide, en effet, que « ... le greffier délivre à chaque créancier colloqué un bordereau de collocation exécutoire contre l'adjudicataire... » *Tout* bordereau est exécutoire, la loi ne contient aucune distinction ; un bordereau, à quelque créancier colloqué qu'il ait été délivré, doit donc avoir un effet immédiat et l'adjudicataire ne saurait, de son autorité privée, établir un ordre de paiement déterminé qui aurait pour conséquence de retarder l'exécution de certains bordereaux, quand la loi, loin d'établir cet ordre, a déclaré tous les bordereaux également exécutoires. L'œuvre du juge terminée, l'hypothèque a produit son effet, tout son effet : chaque créancier hypothécaire a obtenu la collocation à laquelle, par son rang, il avait droit. La préférence qui lui a été accordée dans le règlement d'ordre sur d'autres créanciers qui ne sont pas venus en rang utile, ou sur lesquels les fonds ont manqué en partie, suffit pour que la date d'une inscription hypothécaire ou la faveur accordée par la loi à une créance privilégiée ne soient point d'un effet illusoire. Nous savons que la délivrance des bordereaux opère une sorte de délégation imparfaite par laquelle l'adjudicataire devient le débiteur personnel du créancier colloqué : il serait par suite inélégant de maintenir des rangs hypothécaires quand le droit hypothécaire a disparu (au moins sous la condition résolutoire du paiement). On dira peut-être qu'il est bien indifférent que le juge statue avec tant de soin sur l'ordre des créanciers si cet ordre n'est pas observé au moment du paiement, qu'il devrait lui suffire de déterminer les collocations et de prononcer la radiation des inscriptions de ceux d'entre les créanciers qui ne seraient pas colloqués. Mais il convient de rappeler que le règlement définitif n'est autre chose que la *reproduction exacte* du règlement provisoire (argument art. 756 et 759, C. pr. civ.) sans autres changements que ceux provenant des jugements ou arrêts sur contredits ou de l'accord des parties (V. Cass., 2 fév. 1864. S. 64. 1. 69). Or comment les créanciers intéressés sauraient-ils s'ils doivent contester le règlement provisoire, si ce règlement ne contenait pas le classement très minutieux de toutes les créances ainsi que les causes de ce classement ? Il suit de là qu'il est de la plus haute importance pour le juge de statuer avec soin sur l'ordre des diverses créances, mais il n'en résulte pas que cet ordre doive être observé dans le paiement. Au reste, l'article 1240, C. civ., vient encore fortifier notre solution. « Le paiement fait de bonne foi, dit cet article, à celui qui est en possession de la créance est valable, encore que le possesseur en soit par la suite évincé. » La bonne foi de l'adjudicataire qui paie un créancier muni du bordereau de collocation est certaine et par suite le paiement par lui fait est valable et inattaquable.

60. — La solution que nous avons adoptée, si juridique qu'elle soit, ne laisse pas que d'avoir de graves inconvénients. Un créancier préférable en rang ne sera point payé et devra courir les risques d'une folle enchère, parce qu'au moment où il a présenté son bordereau à l'adjudicataire, celui-ci était devenu insolvable, alors qu'un créancier d'un rang inférieur, qui aura été plus diligent, sera entièrement désintéressé. Ces inconvénients s'aggravent encore lorsque les hypothèques des créanciers frappent en même temps plusieurs immeubles ou fractions d'immeubles, comme, par exemple, lorsque le prix à distribuer provient d'un immeuble vendu par lots à des adjudicataires différents, ou lorsque des hypothèques générales concourent avec des hypothèques spéciales sur des prix d'immeubles distincts. Nous n'avons point à rechercher ici comment le juge-commissaire devra, dans ces cas difficiles, établir les collocations. Mais, de quelque manière qu'il ait pu opérer, les créanciers dont la garantie s'étend ainsi à plusieurs immeubles à la fois, courent le risque de l'insolvabilité, soit de l'un des adjudicataires si le juge les colloque exclusivement sur l'un d'eux, soit de tous s'il les colloque sur chacun proportionnellement à la valeur respective des immeubles. Il pourra se faire qu'un créancier qui primait tous les autres sur le prix de chaque immeuble, soit totalement ou partiellement impayé, alors que ses cocréanciers auront touché le montant de leurs bordereaux. (V. d'ailleurs *infrà* et V. les recours que le créancier impayé pourrait exercer.)

61. — Pour parer à de si graves inconvénients la pratique s'est ingéniée à insérer dans les règlements d'ordre des clauses qui, peu à peu, sont devenues très usuelles et que nous devons signaler. Le but de ces clauses est de ne permettre aux créanciers postérieurs de se faire payer que lorsque les créanciers antérieurs sont complétement désintéressés. MM. Carré et Chauveau (V. *op. cit.*, Question 2562) commentant un arrêt de la Cour de Toulouse du 23 février 1849 (V. *Journal des avoués*, t. LXXIV, p. 602, art. 781, § 20) rapportent que les avoués du ressort de cette Cour demandaient l'insertion dans le procès-verbal d'ordre de la clause suivante. « Le paiement des bordereaux sera fait successivement et par rang d'allocation, de telle sorte que les créanciers venant par ordre d'hypothèques n'auront le droit d'exiger le paiement soit de l'un, soit de l'autre des adjudicataires, qu'après que ceux qui les précèdent auront été intégralement désintéressés ou qu'ils auront donné main-levée volontaire de leurs inscriptions, chacun d'eux ayant droit comme hypothécaire, sur l'un aussi bien que sur l'autre des immeubles, d'être payé de son entière créance, sur le prix de l'un ou de l'autre, avant le créancier venant en rang postérieur. »

Cette formule, dont la dernière partie ne s'applique qu'au cas où des hypothèques générales sont en concours avec des hypothèques spéciales ou encore au cas où une hypothèque spéciale pour la même dette grève à la fois plusieurs immeubles, est d'une application très simple. Chaque bordereau la contient et par suite l'adjudicataire ne peut payer indistinctement les créanciers, mais doit se conformer à l'ordre énoncé aux bordereaux. « Si le premier créancier inscrit, disent MM. Carré et Chauveau *(loc. cit.)*, néglige de se faire payer, le second le met en demeure par une sommation, puis, en admettant, ce qui n'est pas probable, que ce créancier ne se mette pas en mesure, il l'actionne à bref délai devant le tribunal pour voir dire que, faute par lui de se faire payer, l'adjudicataire se libérera valablement entre ses mains. »

L'utilité d'une semblable formule n'est pas douteuse ; néanmoins nous conservons quelques doutes sur sa valeur juridique lorsqu'elle émane de l'initiative privée du juge. Quel est, en effet, le rôle légal de ce dernier ? C'est d'établir le rang des créanciers et ce classement fait, d'ordonner le paiement de ceux qui ont été colloqués. Ces derniers se réclament des titres authentiques et exécutoires qui leur confèrent hypothèque. Où le juge puiserait-il le droit de faire surseoir à l'exécution d'un titre, qui, étant lui-même exécutoire, n'est qu'un effet d'un autre titre également exécutoire ? — Mais si les créanciers ne peuvent être contraints de renoncer à leurs droits, il est certain qu'il leur est loisible d'y renoncer d'eux-mêmes. *Unusquisque potest juri in favorem suum introducto renuntiare.* Cette renonciation au droit d'être immédiatement payés serait suffisamment manifestée par ce fait que, le juge ayant inséré la clause dont il s'agit dans le règlement provisoire, les créanciers n'auraient pas soulevé de contredit à ce sujet. Mais le juge ne pourrait, croyons-nous, insérer une telle clause dans le règlement définitif pour la première fois.

Même valable, cette clause est imparfaite, car elle omet d'indiquer le délai accordé à chaque créancier pour se faire payer et avant lequel toute sommation serait vexatoire, celui

qui lui sera imparti à compter de la sommation, et enfin quel
créancier devra supporter les frais de cette sommation. — M.
Ulry rapporte les termes d'une clause introduite dans un ordre
réglé à Vitry-le-François en 1879 et qui a pour but de parer à
ces lacunes. Cette clause, qui avait été acceptée par toutes les
parties et qui était par conséquent valable, était ainsi conçue :
« Le paiement des bordereaux sera fait successivement et par
rang des collocations, c'est-à-dire que les créanciers n'auront
le droit d'exiger le paiement soit de l'un, soit de l'autre des
adjudicataires, qu'après que ceux qui les précèdent auront été
désintéressés ou qu'ils auront donné main-levée volontaire de
leur inscription. Et au cas où les créanciers ne s'entendraient
pas amiablement pour arriver à ce résultat, le premier créancier colloqué sur la masse aura un délai d'un mois à partir de
ce jour (date du règlement) pour opérer le recouvrement de
son bordereau contre tels acquéreurs auxquels il lui plaira de
s'adresser. Passé ce délai ou après le paiement de ce premier
créancier, le second pourra poursuivre l'exécution de son bordereau contre tous les acquéreurs indistinctement. Après ce
nouveau délai, le troisième créancier pourra, à son tour, exiger le paiement de sa collocation ; et ainsi de suite, en laissant
à chaque créancier successivement un délai d'un mois, pendant lequel le créancier postérieur ne pourra pas toucher son
bordereau. Dès qu'un créancier aura touché sa collocation, il
en préviendra, dans la huitaine, le créancier colloqué après
lui, en lui faisant connaître quels acquéreurs auront déjà payé
et quelles sommes ils auront versées. La présente disposition
sera transcrite à la suite du bordereau de chacun des créanciers à hypothèque générale, et il est expliqué qu'elle n'est
pas applicable aux créanciers privilégiés et hypothécaires qui
sont colloqués sur des immeubles spécialement déterminés,
et notamment aux sieurs.... » (V. Ulry, *op. cit.*, t. ii, n°
398.)

Cette formule s'appliquerait fort bien, *mutatis mutandis*, aux créanciers dont la collocation porterait sur le prix d'un immeuble déterminé. Mais elle est encore imparfaite, car elle manque de sanction : aucune clause pénale n'oblige le créancier qui a touché à en informer, dans la huitaine suivante, le créancier colloqué après lui. C'est là un inconvénient auquel il est facile de porter remède.

62. — Pour éviter toutes difficultés de paiement il reste, d'ailleurs, aux créanciers, un procédé tout à fait pratique, lorsqu'ils croient avoir à redouter l'insolvabilité d'un adjudicataire : c'est de contraindre celui-ci à consigner. Les créanciers peuvent, en effet, dès avant l'adjudication, faire insérer au cahier des charges une clause rendant la consignation obligatoire et ils peuvent encore, après cette adjudication, en vertu de l'art. 2 10° de l'ordonnance du 3 juillet 1816, s'adresser au tribunal pour faire ordonner la consignation. Mais il convient d'observer que, dans ce dernier cas, le tribunal n'est nullement forcé de se rendre aux désirs des créanciers et reste maître de sa décision.

63. — Parfois un créancier a plusieurs hypothèques sur divers immeubles dont le prix est distribué par le même ordre. Ce cas diffère de celui que nous venons d'examiner où une même hypothèque s'étend à plusieurs immeubles. Il se présente notamment lorsque les immeubles ont été l'objet d'une même vente. S'il arrive que l'on ait adjugé collectivement *pour un seul prix* divers immeubles grevés d'hypothèques distinctes, ou bien toutes les parcelles d'un même domaine grevées également d'hypothèques distinctes, le juge-commissaire doit, conformément à l'art. 757 C. pr. civ., procéder à la ventilation du prix, à moins que cette ventilation ne résulte de la purge opérée conformément à l'art. 2192, C. civ. ; de toutes façons le prix afférent à chaque immeuble ou à chaque parcelle se trouvera déterminé et tout se passera comme s'il ne s'agissait que d'un seul immeuble et d'un seul adjudicataire.

64. — Si l'adjudicataire doit payer tout bordereau de collocation dès qu'il lui est représenté, il peut cependant exiger des créanciers colloqués la preuve que le règlement définitif est passé en force de chose jugée. Un bordereau de collocation délivré en exécution d'un règlement définitif attaqué par la voie de l'opposition ne saurait avoir plus de force exécutoire que ce règlement même dont il n'est qu'un extrait. D'ailleurs l'adjudicataire est un tiers au regard du créancier colloqué et nous devons appliquer l'art. 548, C. pr. civ. « Les jugements qui prononceront une main-levée, une radiation d'inscription hypothécaire, *un paiement*, ou quelque autre chose à faire par un tiers ou à sa charge, ne seront exécutoires par les tiers ou contre eux, *même après les délais de l'opposition ou de l'appel,* que sur le certificat de l'avoué de la partie poursuivante, contenant la date de la signification du jugement faite au domicile de la partie condamnée, et sur l'attestation du greffier constatant qu'il n'existe contre le jugement ni opposition ni appel. » En conséquence l'avoué poursuivant devra remettre à l'adjudicataire : 1° un certificat contenant la date de la dénonciation de l'ordonnance de clôture, laquelle a lieu, il est vrai, par acte d'avoué à avoué (art. 767, C. pr. civ.), et 2° le certificat du greffier constatant qu'il n'existe contre cette ordonnance aucune opposition. En l'absence d'un texte formel spécial à notre matière et dérogeant aux règles générales de la procédure, il nous importe peu d'une part que la dénonciation de l'ordonnance de clôture ait lieu à avoué et non à partie, et d'autre part que l'art. 770, C. pr. civ. ait ordonné au greffier de ne délivrer les borde-

reaux de collocation que dans les dix jours à partir de celui
où l'ordonnance de clôture ne peut plus être attaquée. La jurisprudence et la plupart des auteurs sont en sens contraire
(V. notamment Civ. cass., 1ʳ août 1861. S. 62. 1. 87. Chauveau, *op. cit.*, question 2607 *ter ;* Grosse et Rameau, *op. cit.*,
t. ɪɪ, n° 462. D. Rép., vᵒ Ordre entre créanciers, n° 1138 et
vᵒ Priv. et hyp., n° 2746).

C'est donc un droit pour l'adjudicataire d'exiger la production de ces certificats, mais ce n'est pas une obligation dont
l'inaccomplissement le constituerait en faute. L'adjudicataire
payant un bordereau que le greffier aurait délivré sans se
conformer aux articles 769 et 770, C. pr. civ., aurait deux
actions pour lui permettre de recouvrer la somme versée à
tort par lui ; la première contre le créancier porteur du bordereau en restitution de l'indu (art. 1377, C. civ.) et la
deuxième contre le greffier en dommages-intérêts (art. 1382,
C. civ.).

65. — Les règles du paiement subissent quelques modifications au cas de *sous-ordre.*

Le sous-ordre est la procédure au moyen de laquelle des
créanciers interviennent à l'ordre où leur débiteur a produit,
afin d'y prendre le montant de sa collocation et de se le distribuer entre eux. C'est une application de l'art. 1166, C. civ.
(V. *suprà,,* Introd. n° 7).

Dans l'ancien droit on discutait la question de savoir si le
montant de la collocation, à laquelle s'appliquait le sous-ordre, devait être distribué proportionnellement au marc le
franc, comme en matière de contribution, ou suivant le rang
des privilèges et hypothèques, comme en matière d'ordre. On
distinguait généralement selon que les opposants en sous-

ordre avaient formé leur opposition avant la délivrance du décret, auquel cas on procédait comme pour un ordre ; ou qu'ils ne l'avaient formée qu'après la délivrance de ce décret, auquel cas on procédait comme pour une contribution (V. Pothier, Cout. d'Orléans, tit. xxi, nᵒˢ 141 et s., t. i, p. 714 et 715, édit. Bugnet). Pigeau rejetait cette distinction et prétendait qu'il fallait procéder, dans les deux cas, comme en matière de contribution. Tel était également l'usage du Parlement de Paris (V. Pigeau, Proc. civ. du Chatelet, t. i, p. 822 à 825 et t. ii, p. 306). C'est le système adopté par le Code de procédure civile dans l'article 775. « Tout créancier peut prendre inscription pour conserver les droits de son débiteur ; mais le montant de la collocation du débiteur est distribué *comme chose mobilière* entre tous les créanciers *inscrits ou opposants* avant la clôture de l'ordre. »

Ainsi les fonds seront toujours répartis au marc le franc entre les créanciers du débiteur colloqué sans qu'il y ait à distinguer entre les créanciers inscrits, c'est-à-dire ceux qui ont pris inscription pour conserver les droits de leur débiteur, et les créanciers opposants, c'est-à-dire ceux qui avant la clôture de l'ordre ont formé leur demande en sous-collocation avec mention spéciale sur le procès-verbal et l'ont dénoncée au créancier direct, conformément à l'article 754 C. pr. civ.

Le règlement du sous-ordre est concomitant à celui de l'ordre. Quelques auteurs (V. notamment Bioche, *op. cit.*, vᵒ Ordre, nᵒˢ 755 et s.) ont soutenu, au contraire, que le sous-ordre formait une procédure de contribution distincte de l'ordre et postérieure à lui. L'article 775 marque, disent-ils, que la demande de collocation en sous-ordre peut avoir lieu jusqu'à l'achèvement du règlement définitif. Comment le juge établirait-il dans le règlement même de l'ordre les collocations en sous-ordre puisque, jusqu'au moment où il rendra son ordonnance de clôture, il ne peut être assuré de connaître ni le nombre de ces collocations, ni la somme à laquelle elles s'élèveront ? — Cette objection est assurément très forte. Mais, dans cette doctrine, où trouver la raison d'être du sous-ordre ? En effet, pour empêcher le paiement du bordereau au créancier direct, des saisies-arrêts eussent été suffisantes. Sur la collocation de ce créancier, alors même que l'article 775 n'eût pas existé, une contribution aurait été ouverte. Si l'on admet, au contraire, que le sous-ordre doit être concomitant à l'ordre, sa raison d'être apparaît nettement : c'est de créer une économie de temps et de frais. Le projet de l'article 775 l'indiquait ; il était ainsi conçu : « Le montant de la collocation du débiteur fait l'objet d'un procès-verbal qui est dressé séparément par le juge, sans nul retard des opérations de l'ordre » (V. *dans notre sens,* Chauveau, *op. cit.,* Question 2617 5° ; Ollivier et Mourlon, *op. cit.,* nᵒˢ 579 et 580 ; Seligman, *op. cit.,* nᵒˢ 620 et s.; Houyvet, *op. cit.,* nᵒˢ 355 et 358.— *Contrà :* Rodière, *op. cit.,* t. ii, p. 255 et Bioche, *op. et loc. cit.*).

Les bordereaux de collocation en sous-ordre seront donc délivrés en même temps que les autres et payés comme eux par le tiers acquéreur : tel est le principe.

66. — Il en est toujours ainsi lorsque les collocations en sous-ordre ne sont l'objet d'aucune contestation. Dans le cas contraire le juge-commissaire ne doit point retarder le règlement de l'ordre : il arrête le règlement définitif dans lequel se trouve colloqué le créancier direct. Aucun bordereau n'est délivré à ce créancier et le montant de sa collocation est mis en réserve. Le juge-commissaire peut ordonner que la somme ainsi réservée soit versée à la Caisse des dépôts et consignations : dans ce cas il renvoie les créanciers en sous-ordre à se pourvoir pour être ultérieurement procédé entre entre eux à une distribution par contribution. Il peut aussi laisser cette même somme entre les mains du tiers acquéreur, lequel sera d'ailleurs toujours libre de consigner ; dans ce cas le juge aura le choix de procéder comme il vient d'être dit ou d'ajourner seulement la délivrance des bordereaux jusqu'à ce qu'il ait été statué sur les contestations (V. Chauveau, *op. cit.,* Question 2617 5°).

67. — Lorsque l'acquéreur n'a point consigné, le paiement a lieu la plupart du temps en l'étude d'un notaire dont le choix appartient à cet acquéreur (V. Clerc, Formulaire du Notariat, éd. 1872, t. ɪ, p. 394, n° 25). D'ordinaire celui-ci avertit les créanciers qu'il détient les fonds et qu'il les leur versera à un jour qu'il fixe, afin qu'il ne soit dressé qu'une seule quittance.

Généralement les créanciers, par le même acte, donnent quittance et consentent la main levée de leurs inscriptions (art. 771, C. pr. civ.). Cet acte est forcément authentique (art. 2158, C. civ.).

Mais, si la quittance est dressée par acte séparé, rien n'empêche qu'elle soit faite sous seing privé.

La quittance est soumise au droit proportionnel de libération de 0 fr. 50 centimes pour 100 et la main-levée, lorsqu'elle est contenue dans le même acte, ne donne lieu à aucun droit particulier (V. Instr. admin. enregistrement, 29 février 1872, n° 2433, dans Dalloz, 1872. 3, 13).

On fait souvent observer avec raison qu'il est dangereux pour l'acquéreur de se contenter d'une quittance sous seing privé. En effet, comme le dit Chauveau (*op. cit.,* Question 2610), « cette quittance ne pouvant suffire pour la radiation de l'inscription, il lui faudrait encore une main-levée consentie devant notaire avec renonciation expresse à l'hypo-

thèque de la part du créancier colloqué et acceptation du débiteur (V. *sur ce point, Infrà,* Ch. III, n° 99). De plus, l'acquéreur s'exposerait à ne pouvoir, au moyen de quittances
sous seings privés, justifier, d'une manière authentique et
certaine, à son vendeur'ou au propriétaire exproprié, du paiement du prix intégral de son acquisition. » Les frais, comme
nous l'avons vu, seront d'ailleurs à peu près les mêmes dans
l'un et l'autre cas, les droits du notaire comme ceux de l'enregistrement étant proportionnels.

68. — Il peut se faire qu'après que tous les créanciers colloqués ont été désintéressés et ont donné quittance, il reste
un *reliquat* disponible (¹) soit parce que les calculs ont été
mal établis par le juge-commissaire, soit parce que, depuis la
délivrance des bordereaux, l'un des créanciers a été désintéressé par le débiteur primitif, soit par suite de l'extinction
d'une rente viagère, soit pour toute autre cause.

A qui ce reliquat appartiendra-t-il?

D'abord aux créanciers précédemment inscrits sur l'immeuble par préférence aux créanciers chirographaires du débiteur primitif. Sans doute, aux termes de l'article 759 C. pr.
civ., le juge-commissaire a dû ordonner la radiation des inscriptions appartenant aux créanciers non colloqués et l'on
serait tenté de dire que, faute d'avoir été conservé par l'inscription, le droit hypothécaire du créancier a disparu et que
celui-ci n'est plus qu'un simple créancier chirographaire.
Mais tel n'est ni le but ni l'effet des radiations ordonnées par
le juge. Le but de ces radiations est d'obtenir la libération
de l'immeuble et leur effet ne se produit en conséquence

---

(1) Si ce reliquat existait au moment de la confection du règlement définitif et
qu'aucun créancier ne se soit présenté du chef du saisi ou vendeur, le juge a dû
colloquer celui-ci.

qu'au regard de l'acquéreur, à condition toutefois qu'il ait versé la totalté de son prix. Cet effet ne saurait au contraire se produire au regard des créanciers du débiteur primitif entre eux. L'hypothèque a produit son effet légal soit à partir de la transcription du jugement d'adjudication, soit à partir de la notification du contrat d'acquisition. Depuis lors le droit de préférence des créanciers inscrits est reporté de l'immeuble sur le prix et se maintient sans que cette inscription soit nécessaire (V. *suprà*, Ch. I, n° 32, p. 48, 49 et 50. Les créanciers hypothécaires conservent donc indéfiniment un droit de préférence sur le prix tant qu'il n'est pas payé (sauf l'application des règles de la prescription de la créance qui court contre les créanciers depuis la clôture de l'ordre).

La Cour de Bordeaux (31 mars 1852. D. Rép., v° Ordre entre créanciers, n° 1159) le décide ainsi : « Attendu qu'une ordonnance de clôture d'ordre portant radiation des inscriptions non colloquées ne saurait être définitive, si tous les fonds n'ont pas été épuisés, et si, par omission, il reste des créanciers inscrits qui n'aient pas été portés sur le procès-verbal de collocation ; — que, dans ce cas, la loi ne s'oppose pas à ce que ce créancier puisse demander la continuation de l'ordre pour obtenir son entière collocation sur le reste du prix des domaines expropriés ; — qu'il serait, en effet, contre toute justice que l'ordonnance incomplète de clôture et de radiation eût l'autorité de la chose jugée, lorsque le prix des biens du débiteur serait ainsi soustrait au payement des créanciers sur lesquels il avait été déclaré, par erreur, que les fonds avaient manqué ; — qu'enfin si l'ordonnance de clôture pouvait affranchir l'immeuble, elle n'entraînerait pas nécessairement la libération du prix » (V. *dans ce sens* Chauveau, *op. cit.*, Question 2560 *bis* ; Ollivier et Mourlon, *op. cit.*, n° 441 ; Grosse et Rameau, *op. cit.*, t. II, n° 345 ; et *pour la jurisprudence :* Douai, 30 janvier 1823 et sur pourvoi, rej. Cass., 10 juin 1828. D. Rép. v° Ordre entre créanciers, n° 438, Cass., 15 février 1837. D. Rép. v° Priv. et hyp., n° 2288 1° et 2° ; Paris, 8 février 1836. D. Rép., eod. v° n° 2112 2°. — *Contrà :* Houyvet, *op. cit.,* n° 311 ; Bordeaux, 30 décembre 1840. D. Rép., v° Ordre entre créanciers, n° 1160).

Si le reliquat subsiste entre les mains de l'acquéreur, il y aura lieu à un supplément d'ordre. S'il a été remis aux créanciers chirographaires du débiteur primitif, le créancier inscrit, dont la collocation ne venait pas en rang utile, pourra agir contre eux en répétition de l'indu.

A défaut de créanciers inscrits le reliquat appartient aux créanciers chirographaires du débiteur primitif, à condition qu'ils aient formé opposition au paiement.

Enfin, à défaut de créanciers inscrits ou opposants, le reliquat appartient au débiteur lui-même. Lorsque, dans le règlement de l'ordre, le juge constate qu'après entier désintéressement de tous les créanciers produisants il restera un reliquat, ce juge délivre un bordereau de collocation au débiteur. Il en sera de même dans notre cas. Avant la loi du 21 mai 1858 on avait hésité à délivrer un bordereau au débiteur pour le paiement du reliquat parce que, l'acquéreur n'étant pas appelé au jugement de l'ordre, ce jugement ne paraissait pas pouvoir produire un titre exécutoire contre lui. Cette objection a disparu, puisque, depuis cette loi, l'acquéreur est devenu partie à l'ordre par la dénonciation de son ouverture qui lui est faite conformément à l'article 753, C. pr. civ. (V. D. Rép., v° Ordre entre créanciers, n° 1163).

69. — Le paiement fait par l'acquéreur est en principe *valable et libératoire.* Aussi nous verrons (ch. V) que les créanciers ne peuvent s'adresser à l'adjudicataire et le faire payer deux fois quand ils ont été omis, forclos ou rejetés dans le règlement et qu'une décision judiciaire vient ensuite les colloquer en rang utile sur le prix. Il en est de même (V. également ch. V) au cas où ce règlement est entaché de nullité.

Les raisons de ce principe sont fort simples : d'une part l'acquéreur n'était point maître de se refuser au paiement des bordereaux, titres authentiques et exécutoires, auxquels provision est due : il n'y a donc aucune faute à lui reprocher ; d'autre part il ne fait qu'exécuter les ordres de la justice et ne peut en être déclaré responsable ; enfin comme il a payé de bonne foi il est couvert par l'article 1240, C. civ., qui décide que « le paiement fait de bonne foi à celui qui est en possession de la créance est valable, encore que le possesseur en soit par la suite évincé. »

Ce principe s'appliquera toutes les fois que l'acquéreur aura payé régulièrement (sauf les difficultés que nous examinerons dans notre chapitre V).

70. — Mais il devrait payer *deux fois* s'il commettait *une faute ou une imprudence* dans le paiement. C'est ce qui se produirait :

1° Si l'acquéreur versait son prix aux créanciers colloqués au mépris d'oppositions formées entre ses mains ;

2° S'il n'observait pas les règles tracées par le juge-commissaire pour le paiement, notamment lorsqu'il s'agit de créances conditionnelles ou indéterminées ;

3° S'il opérait ses paiements avant que l'ordonnance de clôture fût devenue inattaquable, et que, sur opposition, des modifications soient apportées à cette ordonnance [1] ;

---

(1) J'accorderais dans ce cas à l'acquéreur, outre la *condictio indebiti* contre le créancier payé à tort, une action en dommages-intérêts contre le greffier.

4° Si, averti par l'obligation hypothécaire et par l'inscription, de la remise au créancier de billets à ordre négociables dont les porteurs étaient de plein droit subrogés à l'hypòthèque, il acquitte son prix sans exiger à la fois la représentation de l'obligation et l'annulation de ces billets ; dans ce cas il pourra être tenu de payer une deuxième fois aux porteurs de ces billets (Limoges, 25 janvier 1878. D. P. 80. 2. 208) ;

5° S'il commet une erreur grossière exclusive de la bonne foi comme si, après le paiement du prix aux créanciers colloqués, il vient à être actionné par un créancier ayant une hypothèque légale dont il a négligé de provoquer l'inscription, parce qu'il la croyait purgée ; dans ce cas il ne pourra pas exercer l'action en répétition contre ceux des créanciers colloqués qui ne seraient pas venus en rang utile si cette hypothèque avait été produite à l'ordre (Cass., 12 novembre 1850. D. P. 50. 1. 305).

Nous étudierons dans le chapitre V les recours auxquels ces paiements mal faits pourront donner lieu de la part de l'adjudicataire.

SECTION II

Paiement des bordereaux par la Caisse des dépôts et consignations.

71. — La Caisse des dépôts et consignations peut être appelée à payer les bordereaux de collocation à la suite d'une contribution ou à la suite d'un ordre. En conséquence, nous subdiviserons cette section en deux paragraphes ; dans le pre-

mier nous examinerons les règles de paiement observées par
la caisse *en matière de contribution* et dans le deuxième
nous étudierons ces mêmes règles *en matière d'ordre*.

§ 1. — Contribution.

72. — Nous savons que les contributions ne s'ouvrent
jamais en principe que sur des sommes consignées. D'une
part l'art. 657, C. pr. civ., décide que faute par le saisi et les
créanciers de s'accorder dans le délai d'un mois à partir de la
vente, l'officier ministériel qui aura fait cette vente « sera
tenu de consigner dans la huitaine suivante, et à la charge
de toutes les oppositions, le montant de la vente, déduction
faite de ses frais d'après la taxe qui en aura été faite par le
juge sur la minute du procès-verbal. » D'autre part, aux termes de l'article 4 de l'ordonnance du 3 juillet 1816, l'acte de
réquisition d'ouverture de la contribution doit mentionner la
date et le numéro de la consignation. Le seul cas où la consignation n'est pas exigée préalablement à l'ouverture de la
contribution est celui où il s'agit de distribuer entre des
créanciers chirographaires les deniers provenant d'un prix
d'immeuble. On a pensé que dans ce cas les créanciers et le
saisi étaient suffisamment garantis par le privilège du vendeur et qu'ils trouveraient d'ailleurs une compensation dans
la majoration des intérêts dus par l'acquéreur et dont le taux
est plus élevé que celui de ceux dus par la Caisse. Dans cette
hypothèse, la consignation n'a lieu que lorsqu'elle est ordonnée
par le tribunal sur la demande d'un ou de plusieurs créanciers (Ordonnance du 3 juillet 1816, art. 2, 10°).

Autrefois la Caisse des dépôts et consignations ne recevant
que des deniers ou sommes d'argent réalisées, le Code de
procédure (titre xi, 1ʳᵉ partie, liv. V) impliquait nettement et

avec raison qu'une contribution ne saurait s'ouvrir sur des
valeurs mobilières. Mais, depuis la loi du 28 juillet 1875, la
Caisse a été autorisée à recevoir des valeurs mobilières dans
les mêmes conditions que le numéraire. Cependant, le Code
de procédure n'ayant subi aucune modification de ce chef,
toutes ces valeurs mobilières consignées devront être, préalablement à l'ouverture de la contribution, réalisées et transfor-
mées en deniers comptants avec le concours des créanciers.
Si certains créanciers refusaient leur concours il y aurait lieu
de s'adresser à la justice pour faire ordonner la négociation
des valeurs à l'encontre de ces créanciers. Le Sénat a adopté
en 1879 un projet de loi présenté par M. Denormandie créant
une procédure spéciale et rapide pour la négociation des titres
consignés ; ce projet n'a pas encore été adopté par la Chambre
des députés (V. *suprà*, Introd. n° 3, p. 4).

Nous examinerons successivement les formes du paiement
et les effets de ce paiement.

1° FORMES DU PAIEMENT

73. — Parmi les règles qui concernent les formes du
paiement, il faut distinguer celles qui sont *préliminaires*
à ce paiement et celles qui lui sont *concomitantes*.

a) FORMALITÉS PRÉLIMINAIRES

74. — L'avoué poursuivant doit remettre à la Caisse dans
les dix jours qui suivent la clôture de la contribution, un
extrait du procès-verbal, délivré par le greffier, et contenant : 1° les noms et prénoms des créanciers colloqués, 2° les
sommes qui leur sont allouées, 3° mention de l'ordonnance du
juge qui fait main-levée des oppositions des créanciers forclos

— 97 —

ou rejetés (Crdonnance du 3 juillet 1816, art. 17) (¹). Avant la remise de cet extrait la Caisse ne peut être contrainte à payer. Or, comme le retard apporté par l'avoué poursuivant dans la remise de cet extrait pourrait être préjudiciable aux créanciers colloqués qui, à partir de la clôture de la contribution, n'ont plus droit qu'à l'intérêt de 2 o/o servi par la Caisse, le cours des intérêts conventionnels ou légaux cessant en principe contre le débiteur à partir de l'ordonnance de clôture (art. 672, C. pr. civ.), cet avoué pourrait être condamné à des dommages-intérêts envers les créanciers (V. Cass., 14 avril 1836. S. 36. 1, 376). Le délai de dix jours accordé à l'avoué poursuivant pour la remise de l'extrait court du jour de l'achèvement de la contribution, c'est-à-dire de l'ordonnance de clôture. Si cette ordonnance a été attaquée, il part du jour où l'opposition a été rejetée, et, dans le cas où le jugement est en premier ressort, du jour où le délai d'appel est expiré ou du jour de la signification de l'arrêt confirmatif. Lorsque l'opposition est admise par un jugement ou par un arrêt, le délai court du jour où le juge a rendu une nouvelle ordonnance de clôture (V. dans ce sens Patron, *op. cit.*, I, n° 397 ; *Contrà :* Seligman, *op. cit.*, n° 523). Le greffier doit délivrer l'extrait dès qu'il est requis par l'avoué poursuivant ; s'il s'y refusait cet avoué aurait le droit de l'y contraindre par la voie du référé (V. Patron, *op. cit.*, I, n° 328) sans préjudice du recours qu'il pourrait exercer contre ce greffier dans le cas où des créanciers colloqués intenteraient contre lui une demande en dommages-intérêts.

---

(1) L'art. 101 (nota) du tarif de 1807 porte que l'expédition du procès-verbal ferait double emploi avec l'ensemble des bordereaux. L'art. 17 de l'ordonnance du 3 juillet 1816 a certainement abrogé le nota de l'art. 101 du tarif en ce qui concerne l'extrait du procès-verbal destiné à la Caisse des dépôts et consignations.

La remise de l'extrait à la Caisse est généralement obligatoire, mais non pas toujours. Lorsque des créanciers chirographaires soulèvent des contestations dont l'issue ne saurait modifier la situation des créanciers privilégiés, le juge-commissaire peut dresser un règlement définitif partiel qui concerne seulement ces derniers et grâce auquel ils pourront toucher les fonds qui leur sont dus sans attendre la décision à rendre sur les contestations. Dans ce cas, comme l'extrait ne peut mentionner ni les noms des créanciers colloqués sur l'ensemble des sommes déposées, ni la main-levée prononcée par le juge des créances forcloses ou rejetées, comme par suite cet extrait manquerait son but qui est de faciliter le contrôle que les employés de la Caisse doivent exercer sur l'œuvre matérielle du juge, il faut décider que cet extrait n'est point nécessaire (¹).

75. — Le bordereau de collocation étant délivré en conséquence du règlement définitif, décision judiciaire, et devant être exécuté contre la Caisse des dépôts et consignations, qui est un tiers, il faudra appliquer l'article 548, C. pr. civ. Le préposé de la Caisse aura donc le droit de différer le paiement jusqu'à la production d'un certificat dressé par l'avoué poursuivant et constatant la dénonciation de l'ordonnance de clôture et d'un autre certificat dressé par le greffier et constatant qu'à la date où il a été délivré il n'existait sur les registres du greffe aucune opposition à l'ordonnance. Cette solution souffre plus de difficultés en matière d'ordre parce que, depuis la loi de 1858, les bordereaux ne peuvent être délivrés par le greffier que lorsque l'ordonnance de clôture est de-

---

(1) Nous en dirions autant au cas d'application de l'article 601, C. pr. civ. ; mais il n'y a pas lieu, dans ce cas, à la délivrance de bordereaux au bailleur ou aux créanciers qui lui sont préférables ou assimilés.

venue inattaquable (art. 770, C. pr. civ.). Mais, quelque opinion que l'on ait lorsqu'il s'agit d'un ordre, aucun doute ne peut exister en matière de contribution, le Code de procédure ne contenant dans ce cas aucune disposition analogue à celle que nous venons de rapporter. D'ailleurs l'ordonnance de clôture peut être attaquée (¹) par la voie de l'opposition dans les huit jours qui suivent cette ordonnance (arg. art. 767, C. pr. civ.) ; or, c'est également dans ces huit jours que les bordereaux de collocation doivent être délivrés par le greffier (art. 671, C. pr. civ.). Mais ce délai de huitaine est un délai maximum dont le greffier n'est pas tenu d'attendre la fin. Il ne serait donc pas exact de prétendre ici que le simple fait de la délivrance du bordereau par le greffier prouve que le règlement est inattaquable et dès lors l'article 548, C. pr. civ. doit recevoir son application (V. dans ce sens : Circ. min. just., 1ᵉʳ sept. 1812, dans D. Rép. vᵒ Distr. par le contrib., nᵒ 188, note 2; Carré, *op. cit.,* Question 2184 5°; Rodière, *op. cit.,* II, p. 263. — En sens contraire : Favard de Langlade, t. ii, p. 115, nᵒ 4 ; Chauveau sur Carré, *op.* et *loc. cit.* ; Patron, *op. cit.,* t. i, nᵒ 375, et Cass., 1ᵉʳ août 1861, aff. Mallet. S. 62. 1. 87 et D. P. 62. 1. 65).

76. — En résumé les pièces à fournir au préposé de la Caisse des dépôts et consignations, préalablement à tout paiement, sont :

1° L'extrait du règlement, conformément à l'article 17 de l'ordonnance du 3 juillet 1816.

---

(1) Par exemple, lorsque l'ordonnance de clôture est irrégulière en la forme faute d'avoir été dénoncée ou autrement, ou au fond comme lorsqu'elle n'est pas conforme au règlement provisoire ou aux jugements rendus sur les contredits (V. Orléans, 23 avril 1863. D. P. 63. 2. 79 ; Douai, 14 janvier 1815. S. 65. 2. 206).

2° Les certificats prescrits par l'article 548, C. pr. civ. (¹).

b) PAIEMENT DES BORDEREAUX ; QUITTANCE

77. — Dès que l'extrait du règlement définitif lui a été remis, la Caisse vérifie si le montant total des collocations est égal au chiffre de la somme mise en distribution, en capital et intérêts. Ensuite elle examine si tous les créanciers opposants connus d'elle ont été colloqués, forclos, ou rejetés, et dans ces deux derniers cas si le juge a fait main-levée nominative de leurs oppositions (les main-levées prononcées par le juge doivent, en effet, rapporter nominativement chacune des oppositions formées par les créanciers non colloqués), enfin si, au cas d'offres réelles, les conditions imposées pour l'acceptation de ces offres ont été remplies. Si, à la suite de cette vérification purement matérielle, la Caisse découvrait que le travail du juge fût erroné, comme si le total des sommes colloquées se trouvait être supérieur au total des sommes déposées, il y aurait lieu de faire rectifier le procès-verbal. Cependant, dans l'exemple que nous avons donné, si l'avoué poursuivant ou l'un des créanciers consentait à supporter la différence existant entre les sommes déposées et les sommes colloquées, cette rectification n'aurait pas lieu (Instr. générale, 1ᵉʳ décembre 1877, art. 112, §§ 1, 2 et 5).

---

(1) L'ordonnance du 3 juillet 1816 dans son article 4, porte que l'acte de réquisition d'ouverture de la contribution doit mentionner la date et le numéro de la somme consignée ; l'une des sanctions de cette prescription est que le greffier, faute de cette mention, ne devrait pas délivrer les bordereaux de collocation. En conséquence l'avoué poursuivant requiert du préposé de la Caisse deux certificats : le premier contient le numéro, la date, le montant et les causes de la consignation et le deuxième les charges et oppositions parvenues à la Caisse (Instr. générales de 1851, art. 43). Avant l'achèvement du règlement définitif l'avoué poursuivant retourne à la Caisse les deux certificats et les y fait compléter afin de connaître exactement les sommes en capital et intérêts bonifiés dues par la Caisse ainsi que le nombre des charges et oppositions existant en ce moment. — Ces formalités s'accomplissent également en matière d'ordre.

78. Lorsque la Caisse s'est ainsi assurée de la régularité matérielle de l'œuvre du juge, chaque créancier muni de son bordereau de collocation peut demander à être immédiatement payé. Nous savons que ce paiement se fait sans qu'il y ait lieu de se préoccuper du plan suivi par le juge dans son règlement et de l'ordre dans lequel il a établi les collocations ; ce serait inexplicable en ce qui concerne les créanciers chirographaires, puisqu'ils sont colloqués au marc le franc, mais cela n'est pas moins vrai pour les créanciers privilégiés (V. *suprà*, Ch. II, n° 59, p. 78, 79 et 80).

79. — Le paiement a lieu sur la remise par le créancier de son bordereau ainsi que des titres et pièces établissant sa créance (V. Pigeau, *op. cit.*, t. II, p. 207 ; Bioche, *op. cit.*, v° Distr. par contr., n° 236) et d'une quittance. Lorsque le paiement de la créance au lieu d'être total ne peut être que partiel, comme lorsqu'il s'agit d'une rente viagère, le créancier colloqué garde ses titres et pièces sur lesquels il est fait mention du paiement effectué, ainsi que son bordereau de collocation qui lui est nécessaire pour justifier, lors des futurs versements, sa qualité de créancier.

Après avoir payé, le préposé de la Caisse annule sur ses registres l'opposition du créancier qu'il a payé.

80. — La Caisse ne peut exiger du créancier une quittance notariée ; une telle prétention n'aurait aucune raison d'être lorsqu'il s'agit de contribution ; il n'existe aucun texte qui l'autorise (V. Patron *op. cit.* t. I, n° 182). Si la Caisse, pour la régularité de sa comptabilité ou pour toute autre raison, désire une quittance notariée, elle pourra en faire dresser une, mais à ses frais (Circ. min. 24 août 1836). Dans la pratique, on dresse une quittance notariée pour le créancier qui se présente le premier pour toucher et des quittances sous seings privés pour les autres (Circ. min. 15 juin 1866).

81. — En principe, la Caisse, de même que le simple détenteur de fonds, doit payer *à vue* les bordereaux de collocation.

Cette règle comporte *quatre exceptions :*

1° D'abord un créancier a pu former opposition au paiement par la Caisse du montant du bordereau de collocation appartenant à son débiteur. Dans ce cas, le créancier colloqué qui voudrait toucher devrait appeler l'opposant en référé et le président pourrait ordonner, s'il y avait lieu, que le paiement sera fait nonobstant l'opposition (V. Dalloz Rép. v° Référé n° 114 et les arrêts cités).

2° La Caisse est également autorisée à refuser le paiement lorsque les diverses pièces à produire par le créancier sont irrégulières ou incomplètes (Ordonnance du 3 juillet 1816, art. 16).

3° Elle a également ce droit lorsque le créancier ne justifie pas de son identité et de sa qualité de titulaire du bordereau (V. Cass. 19 déc. 1876, S. 78. 1. 17, Cass. 27 janv. 1862, S. 62. 1. 588, Cass. 29 nov. 1882, S. 83. 1. 414).

4° Enfin de ce principe que le bordereau opère délégation imparfaite et n'équivaut point à paiement, il résulte que le paiement seul attribue aux créanciers la propriété du montant de leur collocation et que, par suite, « si la faillite du débiteur est déclarée avant le paiement des mandements de collocation, le syndic a le droit de revendiquer les sommes qui y sont portées et de faire, par conséquent, opposition à ce qu'elles soient payées » (V. Garsonnet *op. cit.*, t. IV, § 868, et *suprà*, ch. I, n° 30 1°, p. 39 et 40). La jurisprudence s'est nettement prononcée en sens contraire. Elle n'admet les créanciers non opposants à se présenter que jusqu'à la confection du règle-

ment provisoire, et, en conséquence, elle décide que le jugement déclaratif de faillite, survenu dans le laps de temps dont
nous parlons, serait tardif et ne remettrait pas en question le
règlement de la contribution (V. les différents arrêts cités par
Garsonnet *op.* et *loc. cit.*, ainsi que *suprà,* ch. I, n° 30 1°, p.
39 et 40, et notamment Alger, 11 févr. 1878, D. P. 79. 2. 185).

Lorsque la Caisse refuse le paiement, elle doit, avant dix
jours, dénoncer au créancier les causes de son refus. Cette
dénonciation est faite aux frais de la Caisse lorsque le refus
est injustifié. Dix jours après le dépôt soit des pièces régula-
risées, soit de la main-levée des oppositions, la Caisse peut
être de nouveau contrainte au paiement (Ordonnance du 3
juillet 1816, art. 16).

2° EFFETS DU PAIEMENT

82. — Ces effets sont, en principe, ceux d'un paiement
quelconque : le droit du créancier se trouve éteint en totalité
ou en partie, selon que ce créancier a touché ou non l'intégralité de sa créance.

83. — Mais le principe que la délivrance même des bordereaux de collocation n'équivaut pas à paiement et n'attribue
pas aux créanciers un droit définitif de propriété sur les
sommes à distribuer, entraîne ici cette importante conséquence qu'à partir du jour du paiement, le règlement définitif
ne pourra plus être remis en question par les créanciers non
sommés et non produisants, non plus que par le syndic d'une
faillite. C'est donc le paiement, et le paiement seul, qui, à
vrai dire, clot la contribution.

84. — La somme versée par la Caisse aux créanciers colloqués est rarement égale à celle portée au bordereau même.

Elle se trouve en effet augmentée des intérêts dus par la Caisse. A partir des différentes époques fixées par l'article 672 C. pr. civ., les intérêts conventionnels ou légaux ont cessé de courir contre le débiteur. Mais, quand bien même la créance ne serait pas auparavant productive d'intérêts, des intérêts moratoires sont dus par la Caisse des dépôts et consignations à dater du jour de la délivrance des bordereaux de collocation. Depuis le 61ᵉ jour à partir de la date de la consignation, la Caisse doit les intérêts de la somme déposée au taux de 2 o/o (Ordonnance du 3 juillet 1816, art. 14. Loi de finances du 26 juillet 1893, art. 60). Lorsqu'après les époques fixées par l'article 672 C. pr. civ., la Caisse continue à détenir et à employer les sommes qui forment le montant du bordereau, il est juste qu'elle continue d'être astreinte au service des intérêts. Seulement ces intérêts ne pouvant plus grossir la somme à distribuer par le procès-verbal (art. 672 C. pr. civ.), s'ajouteront proportionnellement au montant de chaque bordereau. Et il n'y a pas lieu de distinguer entre les créances qui, avant la délivrance des bordereaux, étaient ou n'étaient pas productives d'intérêts. Dès le moment de leur délivrance, les mandements de collocation doivent être payés et, comme ils constituent une décision de juge, dont l'effet ne saurait être moindre que celui d'une simple sommation (¹), il y a lieu, dans tous les cas, de faire courir de ce jour les intérêts moratoires (V. dans ce sens Cass. 14 avril 1836, S. 36. 1. 376).

85. — Sur quelles sommes la Caisse devra-t-elle établir la prolongation de ces intérêts ? C'est un principe certain que la Caisse doit les intérêts du capital déposé seulement et non

---

(1) L'art. 1153, modifié par la loi du 7 avril 1900, fait courir les intérêts moratoires de la sommation.

pas les intérêts des intérêts (¹). Voici alors comment procède la Caisse : elle impute d'abord, sur le total des intérêts dus par elle, la collocation pour frais de poursuite ou telle autre que le juge aura spécialement désignée. Si ces frais absorbent le montant intégral des intérêts, l'excédant constitue le capital productif d'intérêts. Dans le cas contraire, le surplus des intérêts est réparti entre les diverses collocations proportionnellement et la Caisse paie à chacune d'elles les intérêts de la fraction du capital ainsi déterminé. En désignant par A le montant intégral du capital consigné, par I celui des intérêts de ce capital, par a' celui du capital de chaque collocation et par i' celui des intérêts dus à chaque créancier, la proportion suivante résumera l'opération accomplie par la Caisse :

$$\frac{a'}{i'} = \frac{A}{I}.$$

86. — Nous savons que le créancier, après l'accomplissement de certaines formalités, est fondé à exiger de la Caisse un paiement immédiat. On a soutenu qu'en sens contraire il avait toujours droit à ce paiement, quel que soit le laps de temps écoulé depuis la délivrance des bordereaux, parce que la Caisse ne pourrait jamais invoquer la prescription. On se fondait, pour soutenir cette théorie, sur ce que les fonds déposés devant plus tard être restitués, la Caisse n'était qu'un détenteur à titre précaire. — C'est là une erreur manifeste ; il s'agit ici d'un dépôt irrégulier, la Caisse employant les fonds et étant tenue de les restituer non dans leur identité, mais seulement en même quantité et valeur. Ces fonds ne restent

---

(1) Le calcul des intérêts dus par la Caisse est très simple lorsque le juge-commissaire a eu soin de distinguer nettement les trois éléments dont se compose le bordereau de collocation, à savoir : 1° le capital de la créance ; 2° les intérêts produits par cette créance jusqu'à l'une des époques fixées par l'article 672 C. pr. civ. ; 3° les frais de production dus à l'avoué du créancier colloqué. Mais il arrive souvent dans la pratique que le juge colloque un créancier pour une somme déterminée sans séparer le capital des intérêts.

donc pas la propriété du déposant. D'où il suit que l'action en restitution contre la Caisse se prescrira, comme toute autre action personnelle, par le laps de trente ans (art. 2262 C. civ.) et que l'article 2236 C. civ. n'est pas opposable, puisqu'il ne s'applique qu'aux prescriptions acquisitives (V. dans ce sens Baudry-Lacantinerie et Tissier, t. xxv. Traité de la prescription, 2ᵉ éd. n° 310, p. 201 et les autorités et arrêts rapportés).

Cette solution est maintenant législativement consacrée par la loi de finances du 16 avril 1895 (art. 43) et ne peut plus être discutée. « Les sommes déposées à quelque titre que ce soit à la Caisse des dépôts et consignations, dit cette loi, sont acquises à l'Etat lorsqu'il s'est écoulé un délai de trente ans sans que le compte auquel ces sommes ont été portées ait donné lieu à une opération de versement ou de remboursement, ou sans qu'il ait été notifié à la Caisse des dépôts, soit la réquisition de paiement prévue par l'art. 15 de l'ordonnance du 3 juillet 1816, soit l'un des actes visés par l'art. 2244 du Code civil. — Six mois au plus tard avant l'échéance de ce délai, la Caisse des dépôts et consignations avise par lettre recommandée les ayants droit connus de la déchéance encourue par eux. Cet avis est adressé au domicile indiqué dans les pièces qui se trouvent en la possession de la Caisse, ou, à défaut de domicile connu, au Procureur de la République du lieu du dépôt. — En outre, la date et le lieu de la consignation, les noms, prénoms et adresses des intéressés qui n'auront pas fait notifier de réquisition de paiement dans le délai de deux mois après cet avis, seront immédiatement publiés au *Journal officiel*. — Les sommes atteintes par la déchéance seront versées annuellement au Trésor avec les intérêts y afférents. — *En aucun cas*, la Caisse des dépôts et consignations ne peut être tenue de payer plus de trente années d'intérêts, à moins qu'avant l'expiration des trente ans il n'ait été formé contre la Caisse une demande en justice reconnue fondée. — A titre transitoire, les prétendants droit aux sommes qui seront remises au Trésor public depuis la promulgation de la présente loi jusqu'au 31 décembre 1899, auront un délai qui expirera le 31 décembre 1900, pour obtenir le remboursement de ces sommes en justifiant de leurs droits. »

Cette loi fixe donc la durée de la prescription, son point de départ et les formalités que la Caisse doit accomplir avant l'expiration du délai. De plus, la loi marque que les intérêts seront prescrits par 30 ans. Cette règle ne s'applique qu'aux intérêts à payer par la Caisse en même temps que le capital, ainsi qu'il arrive d'ordinaire ; mais, lorsque la nature de la créance est telle que le paiement des intérêts doive avoir lieu annuellement (par exemple s'il s'agit de la créance d'un usufruitier ou des arrérages dus à un crédit-rentier), l'art. 2277 C. civ. reçoit son application, car on ne verrait aucune bonne raison de l'écarter et par conséquent la prescription s'accomplit par cinq ans (V. sur ce point Baudry-Lacantinerie et Tissier *op.* et *loc. cit.* n° 605, p. 372).

§ 2. — Ordre

87. — En matière d'ordre, le tiers acquéreur est toujours libre de consigner (art. 2188 C. civ. et 777 C. pr. civ.) et, en sens inverse, les créanciers peuvent l'y contraindre au moyen d'un jugement.

Nous ne rechercherons pas ici les règles qui concernent la validité de la consignation, non plus que les procédures qui la précèdent, l'accompagnent ou la suivent. Nous supposons que la consignation ayant été opérée, le juge-commissaire, conformément à l'art. 770 C. pr. civ., a délivré aux créanciers des bordereaux de collocation sur la Caisse.

Toutefois nous croyons devoir rappeler que la consignation acceptée par les créanciers ou déclarée valable, en cas de contestation, par le juge-commissaire ou par le tribunal, a pour effet de libérer le tiers acquéreur, car à son égard elle équivaut à paiement (Arg. art. 1257 C. civ. V. pour plus de détails Chauveau *op. cit.* Question 2619 8°). Tant que les offres n'ont pas été acceptées par le créancier ou qu'une décision judiciaire ne les a pas déclarées valables, le tiers acquéreur peut les retirer ; par conséquent, le cas échéant, même après la clôture de l'ordre. En principe, la déclaration de validité de la consignation doit être prononcée par le juge-commissaire au plus tard au moment du règlement définitif : dès lors l'acquéreur n'est plus maître de retirer les fonds du consentement même du vendeur ou de la partie saisie, ses seuls contradicteurs, l'intérêt des créanciers étant directement engagé au maintien de la consignation (Arg. art. 1262 C. civ. V. Ollivier et Mourlon *op. cit.* n° 601 et Chauveau *op.* et *loc. cit.*).

88. — De même que nous l'avons fait en matière de contribution, nous examinerons successivement les *formes* et les *effets* du paiement.

1° FORMES DU PAIEMENT

89. — Ces formes sont elles-mêmes *préliminaires* ou *concomitantes* au paiement.

a) FORMALITÉS PRÉLIMINAIRES

90. — Le préposé de la Caisse, auquel le créancier présente son bordereau de collocation afin d'obtenir paiement, est en droit d'exiger au préalable la remise de l'*extrait* prescrit par l'art. 17 de l'ordonnance du 3 juillet 1816 et de l'*état des inscriptions.*

91. — *L'extrait* (l'art. 17 de l'ordonnance l'exige aussi bien en matière d'ordre qu'en matière de contribution) doit contenir outre les noms et prénoms des créanciers colloqués et les sommes qui leur sont allouées, la mention de l'ordonnance du juge prononçant la radiation des inscriptions ne venant pas en ordre utile. Il doit indiquer en outre la main-levée prononcée par le juge de toutes autres oppositions et charges grevant le prix en distribution (Instr. générale 1ᵉʳ déc. 1877, art. 112). Le délai accordé à l'avoué poursuivant pour la remise de cet extrait et les conséquences du retard qu'il pourrait y apporter sont les mêmes qu'au cas de contribution.

92. — *L'état des inscriptions* est souvent remis au préposé de la Caisse au moment même du dépôt. On décidait autrefois que la Caisse était en droit d'exiger alors soit cet état, soit une copie certifiée véritable par le préposé (Instr. générale de 1851 art. 24). Mais aujourd'hui il est admis que, si le déposant refuse de remettre l'état ou sa copie, il suffira que la déclaration de consignation contienne la mention de ce refus (Instr. générale 1ᵉʳ décembre 1857, art. 12 et 31). Est-ce à dire que la Caisse ne puisse exiger la production de l'état, non pas sans doute au moment du dépôt, mais du moins préalablement au paiement des bordereaux ? Nullement. En effet, l'art. 777 C. pr. civ. décide que, lorsque l'acquéreur ou adjudicataire a fait reconnaître la validité de sa consignation, le juge « prononce la radiation de toutes les inscriptions existantes avec maintien de leur effet sur le prix. » Ainsi, après que le droit de suite a disparu, le droit hypothécaire du créancier conserve sa force sur le prix consigné par le tiers acquéreur et ce créancier garde un droit de préférence à l'égard de tous créanciers

autres que ceux colloqués antérieurement à lui dans le règlement Les inscriptions font par suite obstacle au paiement par
la Caisse du reliquat entre les mains du saisi ou du vendeur
avant qu'il ne lui ait été justifié par un état des inscriptions
que toutes les charges qui grevaient le dépôt sont bien éteintes
(V. Paris 6 mars 1891 infirmant un jugement du tribunal civil
de la Seine du 6 janvier 1890, dans *Gaz. des Trib.* 20 mars
1891). D'ailleurs, en l'absence de cet état, comment la Caisse
pourrait-elle faire la vérification matérielle de l'œuvre du juge
à laquelle elle est astreinte ?

93. — La Caisse (V. *suprà* ch. II, n° 75, p. 98 et 99) peut
en outre, comme le tiers acquéreur, exiger la production des
certificats de dénonciation de l'ordonnance de clôture et de
non opposition ni appel de cette ordonnance.

b) PAIEMENT DES BORDEREAUX; QUITTANCES

94. — Les vérifications auxquelles la Caisse doit procéder
après la remise des pièces dont nous venons de parler sont
analogues à celles qui ont lieu lorsqu'il s'agit d'une contribution : elles consistent à rechercher si tous les créanciers inscrits ont été colloqués, forclos ou rejetés et si le total des
sommes colloquées est bien égal en principal et intérêts à
l'ensemble des sommes portées sur les certificats délivrés par
la Caisse. Si quelque omission ou inexactitude est relevée par
la Caisse dans le travail du juge, il y a lieu de faire rectifier
le procès-verbal. L'instruction générale de 1851, art. 115,
ordonne aux préposés de ne payer aucun bordereau tant qu'on
ne leur rapportera pas la main-levée des oppositions mobilières
qui frappent le prix déposé, encore que ce prix ne soit pas
susceptible d'être saisi par des oppositions de cette nature,

car il n'appartient pas à ces préposés de se faire juges de la validité de ces oppositions (¹).

Cette vérification faite, la Caisse doit payer immédiatement le créancier muni de son bordereau de collocation. Outre la remise de ce bordereau, la Caisse peut exiger celle des titres de créances, soit pour y marquer le paiement, lorsque celui-ci n'atteint pas la totalité de la créance, soit pour les tenir à la disposition du débiteur en l'acquit duquel a lieu le paiement, car ces titres étant devenus inutiles au créancier entièrement désintéressé, on admet communément qu'il doit les restituer au débiteur.

95. — C'est une question très controversée que celle de savoir si la Caisse est en droit d'exiger du créancier colloqué une quittance notariée. Nous pensons qu'elle n'a point ce droit. La jurisprudence s'était d'abord prononcée en sens contraire en se fondant sur ce que la radiation de l'inscription hypothécaire appartenant au créancier colloqué était la conséquence nécessaire du paiement fait à ce créancier (V. en ce sens : Vouziers 29 nov. 1849, D. P. 68. 3. 64). — Depuis la loi de 1858, la jurisprudence décide au contraire qu'il n'est pas besoin d'une quittance notariée (V. notamment Bayeux 20 nov. 1890, rapp. dans D. Suppl. Rép. vᵒ Ordre entre créanciers, nᵒ 177). En effet, la radiation de l'hypothèque est la conséquence non du paiement, mais de l'ordonnance du juge-commissaire ou tout au moins de la main-levée donnée par le créancier colloqué à la suite de cette ordonnance et avant ou après le paiement. Pour qu'une quittance notariée puisse être exigée, il serait nécessaire qu'une loi l'ait prescrit ; or, rien dans l'article 777 C. pr. civ. n'indique une semblable exigence.

---

(1) Nous renvoyons à ce que nous avons dit, *suprà*, nᵒ 1, p. 102 et 103, en ce qui concerne le refus de payer de la Caisse, faute de la remise des pièces régulières.

Une circulaire ministérielle du 15 juin 1866 indique que l'administration n'a le droit de requérir cette quittance notariée que du créancier qui se présente le premier pour toucher ; « s'il se présente plusieurs créanciers le même jour, un seul d'entre eux, en général l'avoué poursuivant pour ses frais, doit être payé par quittance notariée, les autres paiements sont constatés par actes sous-seings privés. » Tel est l'usage suivi en pratique. Mais cette seule quittance notariée, qui peut lui être utile notamment pour la régularité de sa comptabilité, la Caisse ne peut l'imposer au premier créancier qu'à la condition d'en supporter les frais, car, s'il est vrai qu'elle n'est qu'un débiteur ordinaire, elle ne doit pas plus avoir le droit de réclamer une quittance notariée au premier qu'au dernier des créanciers. Nous ne voyons d'exception à ce principe qu'au cas où l'authenticité de la quittance serait rendue nécessaire par le fait même du créancier, par exemple s'il ne sait signer ou s'il est tenu à un remploi (V. Ulry, t. II, n° 412).

96. — Il importe peu en matière de contribution d'observer un ordre quelconque dans le paiement, puisque tous les créanciers sont, en principe, colloqués au marc le franc. En matière d'ordre, il n'en est pas de même ; nous savons qu'il y aurait un grand intérêt à suivre toujours dans le paiement la succession des collocations telle qu'elle a été établie dans le règlement (notamment pour ce motif que les frais n'étant liquidés qu'après la clôture de l'ordre et certaines créances pouvant être indéterminées à cette époque, il n'est pas possible de savoir si tous les créanciers colloqués pourront être désintéressés (V. d'ailleurs *suprà*, ch. II, n° 60, p. 80). Ces considérations ont fait décider que les préposés de la Caisse des dépôts et consignations devraient s'astreindre à payer les bordereaux dans l'ordre des collocations (Instr. générale de 1851, art. 126). Néanmoins aucune loi n'édicte cette disposition et par consé-

quent tout créancier colloqué pourrait, à bon droit, exiger un
paiement immédiat, alors même qu'un créancier antérieur
n'aurait pas été désintéressé.

2° EFFETS DU PAIEMENT

97. — Ces effets sont en principe les effets ordinaires du
paiement de toute créance hypothécaire. Ici, de même qu'en
matière de contribution, la Caisse doit payer au créancier
colloqué qui ne touche pas immédiatement le montant de son
bordereau, une prolongation d'intérêts. La pratique parisienne
se trouve en opposition avec la pratique provinciale en ce qui
concerne la détermination de la part des intérêts dus par la
Caisse qui doit revenir à chaque créancier. A Paris il est
d'usage que la Caisse n'opère ses paiements que successivement et dans l'ordre des collocations, et les intérêts y sont
alloués à chaque créancier colloqué au taux conventionnel ou
légal, jusqu'au jour du paiement effectif. En province, ces
intérêts sont arrêtés au jour du règlement définitif; à partir
de ce jour, chaque créancier colloqué a droit aux intérêts au
taux de la Caisse, soit 2 o/o.

Ce dernier procédé est à nos yeux le seul juridique. L'article 765 C. pr. civ. décide en effet qu'à partir de la clôture
du règlement définitif, « les intérêts et arrérages cessent à
l'égard de la partie saisie » (¹). De plus, la méthode parisienne
a ce grave inconvénient de faire subir aux créanciers posté-

---

(1) Il serait faux de dire que si les intérêts cessent de courir « à l'égard de la
partie saisie » (art. 765 C. pr. civ.), il n'en est pas de même à l'égard des créanciers entre eux. Le décider ainsi ce serait nuire à la partie saisie même à laquelle
doit revenir le reliquat disponible après le paiement des bordereaux ; ce reliquat
sera moins considérable si les intérêts sont payés au taux conventionnel ou légal
que s'ils l'avaient été au taux de la Caisse ; résultat manifestement contraire aux
dispositions de l'art. 765 C. pr. civ.

rieurs les conséquences de la négligence des créanciers antérieurs, lesquels, touchant des intérêts fort élevés, n'ont aucune
raison de se presser ; les créanciers postérieurs, en effet, doivent attendre que ceux qui les précèdent se soient présentés
à la Caisse pour s'y présenter eux-mêmes, et, pendant le temps
fort long qui a pu ainsi s'écouler, c'est à leur détriment que
ces intérêts seront servis aux créanciers antérieurs.

CHAPITRE III

Radiation des inscriptions appartenant aux créanciers colloqués.

98. — Le but de l'adjudicataire qui paie les bordereaux est d'affranchir son immeuble des hypothèques qui le grèvent ; dès lors soit avant, soit après ce paiement, les créanciers porteurs de bordereaux devront donner main-levée des inscriptions qui garantissaient leurs créances et, en vertu de ces main-levées, le Conservateur des hypothèques opérera la radiation de ces inscriptions (¹).

Nous étudierons successivement les règles qui concernent *la main-levée* et celles qui concernent *la radiation des inscriptions* appartenant aux créanciers colloqués.

SECTION I

De la Main-levée.

99. — L'article 771 C. pr. civ. domine toutes les questions qui touchent à la main-levée et à la radiation des inscriptions

---

(1) Au cas où le prix a été déposé et où les bordereaux sont délivrés contre la Caisse, les inscriptions ayant déjà été rayées en vertu de l'ordonnance de libération, le créancier n'a plus qu'à se présenter à la Caisse muni de son bordereau et des pièces qui établissent sa créance et à en demander l'ordonnancement ; il ne peut être question pour lui de consentir une radiation qui est opérée. Mais si l'adjudicataire n'a consigné qu'après la délivrance des bordereaux (ce qui d'ailleurs est fort rare en pratique), la Caisse devra exiger la main-levée avant de faire aucun versement, car elle paie en l'acquit de l'adjudicataire.

des créanciers colloqués. « Le créancier colloqué, dit cet article, en donnant quittance du montant de sa collocation, consent la radiation de son inscription. Au fur et à mesure du paiement des collocations, le Conservateur des hypothèques, sur la représentation du bordereau et de la quittance du créancier, décharge d'office l'inscription jusqu'à concurrence de la somme acquittée. — L'inscription d'office est rayée définitivement sur la justification faite par l'adjudicataire du paiement de la totalité de son prix soit aux créanciers colloqués, soit à la partie saisie. »

Le créancier colloqué, en recevant son paiement, doit donc « consentir la radiation de son inscription. » Quelques auteurs estiment cependant que le consentement formel du créancier, sa main-levée expresse, n'est point nécessaire et que le paiement suffit à lui seul pour permettre la radiation de son inscription (V. Chauveau *op. cit.*, Question 2609 ; Bioche *op. cit.* vᵒ Ordre nᵒ 566 et les autorités citées par ces auteurs). La radiation, disent-ils, est la conséquence du paiement constaté par la quittance. — Cette opinion est juridiquement inexacte, car, aux termes de l'article 2158 C. civ., le Conservateur ne doit rayer une inscription que sur la représentation « de l'*acte authentique portant consentement* ou celle du jugement », et l'article 2157 C. civ. porte que « les inscriptions sont rayées du *consentement des parties intéressées* et ayant capacité à cet effet ou en vertu d'un jugement en dernier ressort ou passé en force de chose jugée. » L'article 771 C. pr. civ. ne fait donc qu'appliquer le droit commun à un cas particulier lorsqu'il exige le consentement du créancier colloqué à la radiation de son inscription. Prétendra-t-on que le bordereau de collocation équivaut à un jugement ordonnant une radiation sous la condition que cette radiation n'aura lieu qu'après paiement des sommes portées à ce bordereau ? En général, le bordereau ne

contient pas mention d'une ordonnance déclarant que l'inscription du créancier colloqué sera rayée après qu'il aura reçu son
paiement et, selon nous, le juge-commissaire ne pourrait même
pas ordonner cette radiation, car nul texte ne lui accorde ce
droit. Si ce juge, dans un intérêt de méthode et afin de n'o-
mettre aucune inscription, croit devoir relater chacune d'elles
dans le règlement définitif et en ordonner la radiation, la main-
levée du créancier n'en demeurera pas moins nécessaire (¹).

Au cas où le créancier refuserait de donner main-levée de
son inscription après avoir reçu paiement, l'adjudicataire
pourrait l'assigner en main-levée de cette inscription et le
Conservateur opérerait la radiation sur le vu de la grosse du
jugement. Si ce même créancier refusait de recevoir paiement,
l'adjudicataire devrait lui faire offre réelle du montant de la
somme portée au bordereau et l'assigner en validité de cette
offre ainsi qu'en main-levée de son inscription. — Dans ces
deux cas, les frais retomberaient sur le créancier récalcitrant
si sa résistance était jugée mal fondée.

100. — Une main-levée est donc nécessaire. Pour étudier
les règles qui la concernent, nous distinguerons les *conditions
de forme* et les *conditions de fond* de cette main-levée.

§ 1. — Conditions de forme.

101. — L'acte de main-levée doit être *authentique* ; l'article 2158 C. civ. ne laisse aucun doute à cet égard. La pra-

---

(1) Si le juge, en ordonnant la radiation des inscriptions non colloquées, avait
omis de prescrire la radiation de celle du dernier créancier colloqué pour la partie
de sa créance qui n'a pas été admise en ordre utile, celui-ci devrait consentir une
radiation complète, car c'est un droit pour l'adjudicataire qui a payé la totalité
de son prix, d'exiger qu'il ne subsiste aucune inscription sur l'immeuble.

tique décide généralement que cet acte doit être rédigé en
minute. D'une part, en effet, l'article 2158 C. civ. exige le
dépôt entre les mains du Conservateur des hypothèques d'une
expédition de l'acte ou du jugement en vertu duquel la radiation doit être opérée, ce qui supposerait l'existence d'une minute. D'autre part, l'article 20 de la loi du 25 ventôse de l'an
xi, qui énumère les actes qui pourront être passés en brevet,
ne mentionne pas les actes portant main-levée d'inscriptions.
— Nous estimons, au contraire, que l'acte de main-levée peut
être rédigé en brevet. En effet, un acte en brevet suffit pour
requérir l'inscription de l'hypothèque (art. 2148 C. civ.) et l'on
comprendrait difficilement que la loi se soit montrée plus exi-
geante pour les formes relatives à la radiation de l'inscription
que pour celles qui donnent naissance au droit hypothécaire
lui-même, l'acte en brevet présentant d'ailleurs les mêmes
garanties que l'acte en minute. Que si l'article 2158 C. civ.
ne contient pas mention de « l'original en brevet », cela tient
uniquement à ce que le législateur a statué *de eo quod ple-
rumque fit*. D'un autre côté, l'énumération des actes en brevet
donnée par l'article 20 de la loi du 25 ventôse de l'an xi n'est
nullement limitative. La déclaration du 7 décembre 1723 men-
tionnait les actes portant main-levée d'inscription au nombre
de ceux qui pouvaient être rédigés en brevet. La loi belge du
16 décembre 1851 a consacré cette solution (V. dans notre
sens : Pont *op. cit.* II, n° 1074 ; Aubry et Rau *op. cit.*, t. iii,
§ 281, p. 390 ; et pour la jurisprudence : Grenoble 23 juin 1836,
S. 1838. 1. 1004. — En sens contraire : Duranton *op. cit.* XX,
n° 193 ; Boulanger, Traité pratique et théorique des radiations
hypothécaires, revu par de Récy, 2ᵉ éd., t. i, n° 33).

101 bis — La main-levée consentie par acte sous seings
privés serait-elle nulle et de nul effet ; ou bien, au contraire,
l'absence d'authenticité n'a-t-elle pour conséquence que d'au-

toriser le Conservateur des hypothèques à refuser d'opérer la radiation ? Paul Pont (V. *op. cit.*, t. ii, n° 1074) adopte la première solution. La plupart des auteurs se prononcent en faveur de la validité de la main-levée (V. Troplong *op. cit.* n° 741 ; Aubry et Rau *op. cit.*, t. :ii, § 281, note 15, p. 389 ; Laurent *op. cit.* XXXI, n° 204). La jurisprudence est incertaine (V. dans le premier sens : Douai 20 décembre 1863, S. 64. 2. 116 ; — et dans le deuxième : Toulouse 16 juillet 1818, D. Rép. v° Priv. et hyp. n° 2704 1°). Les auteurs qui admettent la validité de la main-levée se fondent, en général, sur ce motif que l'authenticité serait requise non point dans l'intérêt du créancier, mais uniquement pour sauvegarder la responsabilité du Conservateur.

Nous estimons que les deux motifs ont dû coexister dans la pensée du législateur qui s'est certainement préoccupé des redoutables conséquences qu'entrainerait pour le créancier une radiation qui n'aurait point été opérée par sa volonté librement manifestée ; la présence d'un notaire empêchera dans beaucoup de cas ce créancier d'être victime de la rédaction fausse, artificieuse ou altérée de l'acte de main-levée.

Néanmoins nous acceptons la solution préconisée par ces auteurs ; l'article 2157 C. civ., qui marque les conditions de validité de la main-levée, n'exige que le consentement des parties intéressées et leur capacité, et l'article 2158 C. civ., qui parle de « l'acte authentique portant consentement », se réfère aux pièces que le Conservateur peut exiger pour opérer la radiation ; mais nulle part la loi ne marque qu'elle considère ici la forme authentique comme solennelle, ainsi qu'elle le fait, au contraire, dans l'article 2117 C civ. fixant les formes du contrat hypothécaire. D'ailleurs, s'il est vrai que la loi en prescrivant la forme authentique a voulu éviter les fraudes, la fraude ne se présumant point, la renonciation à l'inscription demeurerait valable, à moins que le créancier ne rapporte la preuve de manœuvres dolosives dont il aurait été l'objet.

Ainsi le seul effet du défaut d'authenticité est d'autoriser le Conservateur des hypothèques à refuser d'opérer la radiation. En conséquence, si, après avoir reçu paiement, le créancier refusait de donner main-levée authentique, l'adjudicataire aurait le droit de s'adresser à la justice afin de faire ordonner que, sur le vu de la grosse du jugement à intervenir, le Conservateur devra opérer la radiation de l'hypothèque inscrite du chef de ce créancier.

102. — Il ne faut pas, d'ailleurs, exagérer l'exigence de la loi. Nous avons déjà admis qu'un acte authentique rédigé en brevet suffisait pour faire opérer la radiation. Si l'acte de main-levée a été rédigé en minute, il n'est point nécessaire que le notaire en délivre une « *expédition* » relatant l'acte dans toute son étendue, au cas où des conventions étrangères à la main-levée y auraient été mentionnées. Il suffira, dans ce cas, au notaire de relater textuellement la partie de l'acte concernant la main-levée de l'inscription et de certifier que tout le reste de cet acte y est étranger. Un extrait analytique ne suffirait pas.

103. — L'acte de main-levée devant être rédigé dans la forme authentique, il s'ensuit que la procuration donnée par le créancier colloqué à un tiers à l'effet de consentir cette main-levée doit elle-même être authentique. En effet, si la loi a cru devoir entourer l'acte de main-levée de ces formes protectrices, c'est qu'elle a jugé qu'il constituait pour tout créancier un acte important. Elle a voulu éviter que le consentement du créancier fût mensongèrement supposé ou obtenu par la fraude. Or l'acte qui contient ce consentement n'est point l'acte de main-levée, mais l'acte de mandat. Ce dernier doit donc être revêtu de la forme authentique. La jurisprudence et la doctrine sont d'accord sur ce point (V. notamment : Amiens 27 déc. 1826 et Cass. Ch. des req., 21 juillet 1830, S. 31. 1. 921 ; Lyon 29 déc. 1827, S. 28. 2. 287 ; Paris 17 août 1843, S. 43. 2. 534 ; Aubry et Rau, t. III, § 281, p. 389, et Boulanger, t. I, n° 29). On s'accorde également à reconnaître que cette procuration peut être rédigée en brevet.

104. — L'article 759 C. pr. civ. *in fine* dispose « qu'il sera fait distraction en faveur de l'adjudicataire, sur le montant de chaque bordereau, des *frais de radiation* de l'inscription. » Il est universellement admis que ces frais, que le créancier ne touche pas lui-même et que l'adjudicataire retient sur le montant du bordereau en vertu de la distraction qui en est faite en sa faveur, comprennent les droits dus au Conservateur des hypothèques pour le certificat de radiation. Mais a-t-on également le droit de faire supporter par l'ordre le coût de l'expédition de la main-levée nécessaire pour que ce Conservateur puisse opérer la radiation des inscriptions des créanciers colloqués ? Sans doute les frais de radiation de l'inscription sont une charge de l'ordre et la radiation n'est possible que sur la remise de l'expédition de la main-levée ; mais il ne faut pas oublier que l'article 759 C. pr. civ. déroge au droit commun, c'est-à-dire à la disposition de l'article 1248 C. civ. qui met en général tous les frais de libération à la charge du débiteur. Il faut donc s'en tenir rigoureusement aux termes mêmes de l'article 759 C. pr. civ., lequel parle uniquement des « frais de radiation de l'inscription ». D'ailleurs, si l'on s'écarte des principes, il faut aller plus loin, car si l'expédition de la main-levée est nécessaire pour parvenir à la radiation, la main-levée elle-même l'est également, une expédition supposant l'acte dont elle n'est que la reproduction.

Qui donc paiera les frais de la main-levée et de son expédition ? Ce ne peut être l'adjudicataire, car celui-ci doit à son auteur ou à ses créanciers son prix d'acquisition et rien de plus ; les hypothèques qui grèvent l'immeuble par lui acquis ne garantissent pas une dette née de son chef. Aussi, encore qu'il soit fondé à exiger la main-levée et la radiation des inscriptions hypothécaires, n'aura-t-il pas à en payer les frais. Ces frais seront à la charge du créancier colloqué, lequel aura seulement le droit d'exercer la répétition de ses avances contre le vendeur ou saisi (V. jugement du trib. civ. de la Seine du 5 décembre 1879, dans *Le Droit* du 29 janvier 1880).

§ 2. — Conditions de fond.

105. — Les conditions de fond sont au nombre de deux : 1° *le consentement des parties intéressées ;* 2° *la capacité requise* à l'effet de consentir la radiation (art. 2157 C. civ.).

1° CONSENTEMENT

106. — Les « parties intéressées » dont la loi requiert le consentement et qui doivent donner main-levée sous peine d'y être judiciairement contraintes à leurs frais, ce sont, en général, les créanciers porteurs de bordereaux. Non pas toujours cependant, car la créance a pu changer de titulaire soit avant, soit depuis la délivrance du bordereau de collocation. C'est ce qui se produit notamment : 1° au cas de cession de la créance ; 2° au cas de subrogation ; 3° au cas de décès du créancier. Dans ces cas, qui devra consentir la main-levée ?

107. — La *cession de créance* est une opération juridique ayant pour but un simple changement dans la personne du créancier, la créance en soi demeurant intacte avec tous ses accessoires et notamment les privilèges et hypothèques qui la garantissaient. Entre les parties en cause, le cédant et le cessionnaire, la loi n'exige pour la validité de cette cession aucune formalité ; le consentement suffit pour que le cessionnaire soit immédiatement saisi au regard du cédant. Mais, au regard des tiers, l'accord des volontés ne suffit plus et l'article 1690 C. civ. exige l'accomplissement de l'une des deux formalités suivantes : ou la signification du transport au débiteur, ou l'acceptation de ce transport par le débiteur dans un acte authentique.

Il est rare que l'emploi du mot tiers dans le Code ne donne pas lieu à de graves difficultés, car nul n'est plus élastique ni susceptible de recevoir des interprétations plus diverses. Nous ne pouvons entrer ici dans le détail des différentes explications que ce mot a reçu dans la matière qui nous occupe. Nous pensons qu'il désigne toutes les personnes autres que les parties ou leurs ayants cause universels qui ont un intérêt à connaître la cession et à l'écarter, si elle n'a pas été publiée, afin de faire maintenir les droits acquis à leur profit et qui seraient compromis si la cession leur était opposable (V. note de Beudant dans D. P. 1878. 1. 241). Seront donc tiers : 1° le débiteur cédé ; 2° les nouveaux cessionnaires de la créance et les créanciers gagistes ; 3° les créanciers saisissants.

Lorsque le cessionnaire a accompli les formalités de publicité prescrites par l'article 1690 C. civ., il est au regard de tous maître de la créance : lui seul a par conséquent qualité pour consentir à la radiation.

S'il a négligé de les accomplir, des difficultés s'élèvent ; pour les étudier nous distinguerons trois cas, selon que l'inscription a été prise par le cessionnaire en son nom personnel, par le cédant, ou conjointement par le cédant et le cessionnaire.

Le cessionnaire étant saisi au regard du cédant par le seul effet de l'accord de leurs volontés, lui seul doit se trouver en cause s'il a pris inscription, le bordereau de collocation a dû lui être délivré et le cédant n'aurait aucune qualité pour consentir la radiation. Le tiers acquéreur n'a aucun intérêt légitime à se prévaloir du défaut de l'accomplissement des formalités prescrites par l'article 1690 C. civ., car il doit toujours payer son prix aux créanciers inscrits sur l'immeuble par lui acquis et il serait mal venu à prétendre se débarrasser d'une hypothèque qui le gêne ; d'ailleurs le bordereau est un titre authentique et exécutoire qu'il n'a point, en principe et sauf de rares exceptions (V. *suprà*, ch. II, sect. I, n°ˢ 40 à 45), le droit de discuter. — Quant aux véritables tiers, la question est plus délicate. Le cessionnaire, en effet, même avant la signification ou l'acceptation de son acte de cession, a pu valablement s'inscrire puisqu'il est titulaire de la créance et que l'inscription n'est qu'une mesure conservatoire profitant à celui qui ultérieurement sera reconnu propriétaire de la créance. Etant seul inscrit, le cessionnaire dispose seul de l'inscription, car les tiers ne sauraient, du moins en principe, donner mainlevée d'une inscription qu'ils n'ont pas requise et qui ne leur appartient pas. Mais, comme la cession n'est valable *erga omnes* que par l'accomplissement des formalités prescrites par l'article 1690 C. civ., le juge, avant de colloquer définitivement le cessionnaire, devra s'assurer par la remise soit de l'original en brevet ou d'une expédition de l'acte authentique d'acceptation, soit de l'original de la signification, que ces formalités ont été accomplies ; sinon il ne pourra prononcer qu'une collocation éventuelle. Si le juge avait négligé ou omis de prendre cette mesure, les tiers auraient encore le droit de

former opposition entre les mains de l'adjudicataire ou du
Conservateur des hypothèques et de faire régler judiciairement le sort de cette opposition. Si ces tiers étaient des cessionnaires postérieurs de la créance, celle-ci leur appartiendrait avec ses accessoires et notamment l'inscription prise par
le premier cessionnaire déchu de son rang, et ce seraient les
cessionnaires reconnus premiers en rang qui seuls auraient
le droit de toucher et de donner main-levée ; le bordereau de
collocation primitivement délivré devrait être remplacé par
un ou plusieurs bordereaux, selon les cas.

Lorsque l'inscription a été prise au nom du cédant, celui-ci
demeure investi de la créance tant que les formalités de l'article 1690 C. civ. n'ont pas été accomplies. Il s'ensuit que le
cédant muni de son bordereau de collocation peut jusqu'à ce
moment donner main-levée. Il n'y a nulle faute à reprocher
au tiers acquéreur non plus qu'au Conservateur des hypothèques, puisque rien ne les avertissait de la cession. Le cessionnaire aurait seulement un recours contre le cédant, mais
les créanciers de celui-ci, de même que les cessionnaires ul-
térieurs, pourraient profiter du paiement, sauf, bien entendu,
le cas de fraude.

Enfin lorsque l'inscription a été prise à la fois au nom du
cédant et du cessionnaire, le bordereau de collocation a dû
être délivré à chacun d'eux en proportion de leurs droits et,
dans cette mesure, chacun devra donner main-levée. Si la
créance appartient, en réalité, toute entière au cessionnaire,
lui seul devra donner main-levée.

107bis. — Parfois l'inscription garantit une obligation au
porteur. Dans ce cas, c'est le porteur actuel qui en doit donner
main-levée. Le fait de la détention matérielle du bordereau et
du titre suffit à établir la preuve que le possesseur actuel du
titre en est le véritable propriétaire. Dès lors, ce porteur se

trouve subrogé dans les garanties appartenant à celui qui lui
a cédé l'obligation ; il est le seul maître tant de la créance que
de l'hypothèque qui n'en est qu'un accessoire (V. dans ce sens
Baudry-Lacantinerie et de Loynes *op. cit.*, t. III, n° 1825, et
Pont *op. cit.*, t. II, n° 1080 ; Trib. d'Angoulême 14 juillet 1845
conf. par arrêt de Bordeaux 17 févr. 1846, D. P. 46. 2. 168 ;
Dijon 8 juillet 1892, D. Suppl. au Rép. v° Priv. et hyp. n° 1616).
Il suit de là que l'adjudicataire devra exiger avant de payer
la représentation de l'obligation ; c'est le porteur du bordereau
et de l'obligation tout ensemble qui doit, en effet, donner
main-levée.

La règle est la même en ce qui concerne les porteurs d'une
lettre de change ou d'un billet à ordre garanti par une inscription hypothécaire. Toutefois ces derniers doivent, en outre,
justifier d'un endossement régulier.

108. — La *subrogation* soit conventionnelle soit légale
confère immédiatement au subrogé, à l'égard de tous, les
garanties de la créance. Seul il a dès lors qualité pour donner
main-levée de l'inscription. Si la subrogation est antérieure à
la délivrance du bordereau de collocation et si le subrogé a
produit à l'ordre, le bordereau a dû lui être délivré : aucune
difficulté ne s'élève donc. Si la subrogation est postérieure à
cette délivrance, son droit est le même, mais il devra rapporter au Conservateur des hypothèques la preuve authentique
que la subrogation s'est opérée dans les conditions exigées
par les articles 1250 et 1251 C. civ. « Le Conservateur, dit
avec raison M. Boulanger (*op. cit.*, t. I, n° 66), ne peut, en
effet, reconnaître la qualité du subrogé qu'autant qu'il lui est
justifié d'un paiement fait dans les conditions légales, et
comme il ne lui appartient pas de s'ériger en juge de la véracité des assertions contenues dans les pièces qu'on lui présente, cette vérification ne résulte pour lui que d'un acte

faisant foi en justice. » Au reste, cette justification s'opère
comme s'il s'agissait d'une subrogation accomplie en dehors
de tout bordereau de collocation.

109. — Lorsque le créancier porteur du bordereau vient
à décéder, la main-levée doit être donnée par ses successeurs
réguliers ou irréguliers, ses légataires universels ou à titre
universel, ou enfin par le légataire à titre particulier de la
créance. Ces successeurs ou légataires devront établir leur
qualité et prouver au Conservateur qu'ils sont seuls intéressés
au maintien de l'inscription. Avant le partage, la main-levée
doit émaner de tous les héritiers du défunt conjointement ;
après le partage, c'est à celui-là seul auquel a été attribuée la
créance qu'il appartient d'en donner main-levée. Ce n'est là
qu'une application des principes du droit commun en matière
de radiation d'inscriptions appartenant à un créancier décédé.

2° CAPACITÉ

110. — Il ne suffit pas d'être intéressé au maintien de
l'inscription pour pouvoir en donner main-levée ; l'article 2157
C. civ. exige, en outre, une deuxième condition : *la capacité.*

Le bordereau de collocation est délivré à la suite d'un ordre
amiable ou d'un ordre judiciaire. Il existe en outre une troisième sorte d'ordre qui ne donne pas naissance à un bordereau
de collocation, l'ordre consensuel ; nous en dirons néanmoins
quelques mots afin de faire mieux entendre les effets propres
du bordereau de collocation. — En conséquence, nous étudierons successivement les règles qui concernent la capacité requise pour consentir la radiation d'une inscription colloquée :
1° au cas d'*ordre consensuel ;* 2° au cas d'*ordre amiable ;* et
3° au cas d'*ordre judiciaire.*

a) ORDRE CONSENSUEL

111. — Le règlement d'ordre consensuel est une convention soumise au droit commun. De là résulte que la capacité requise dans ce cas pour consentir la radiation d'une inscription hypothécaire est précisément celle qui est requise pour contracter. Les formalités exigées par la loi et qui diffèrent selon qu'il s'agit d'un mineur émancipé ou non émancipé, d'un interdit, d'un prodigue, d'une femme mariée, d'un failli, etc., seront donc celles qui régissent les main-levées consenties après paiement. De ce principe que le règlement d'ordre consensuel est un contrat et non une décision judiciaire, découle encore, entre autres conséquences, que le Conservateur des hypothèques a le devoir de contrôler ce règlement avant d'opérer sur ses registres la radiation et de vérifier en même temps si la main-levée est régulière et le consentement valable (V. Rouen 17 juin 1863, S. 63. 2. 219).

b) ORDRE AMIABLE

112. — Le conservateur des hypothèques a-t-il également, au cas où l'ordre a été réglé amiablement, le droit de contrôler la capacité de celui à qui le juge-commissaire a ordonné que le bordereau de collocation serait delivré et qui se trouve ainsi appelé à consentir la main-levée, soit en son nom personnel, soit au nom d'autrui ? N'est-il, au contraire, qu'un agent irresponsable chargé d'exécuter le règlement sans le contrôler ?

La solution de cette question dépend du caractère que l'on attribue au règlement amiable.

On est loin de s'accorder sur ce caractère et, à ce sujet, trois opinions se partagent la doctrine et la jurisprudence (¹) (V. suprà, Introd. n° 2, p. 2 et 3 et Ch. II, n° 37, p. 54).

Les uns assimilent l'ordre amiable au préliminaire de conciliation ; le juge-commissaire n'est, selon eux, qu'un conciliateur chargé de rédiger une convention particulière (V. Caen, 25 mai 1863. S. 63. 2. 241 ; Amiens, 17 juillet 1868. S. 68. 2. 257 ; Douai, 12 août 1869. S. 69. 2. 319).

Les autres y voient un véritable ordre judiciaire empruntant toute son autorité de la présence du magistrat (V. Rouen, 17 juin 1863. S. 63. 2. 219).

Ces deux opinions extrêmes nous semblent également exagérées, selon nous il faut distinguer deux périodes dans la confection du règlement amiable. Dans la première, le juge est un simple conciliateur indiquant leurs droits aux parties, s'efforçant de les amener à une transaction et rédigeant leurs volontés : jusque-là le règlement amiable est un pur contrat qui exige le consentement de tous les intéressés et le magistrat n'a point le droit de trancher les difficultés qui pourraient surgir. L'accord des intéressés obtenu, le juge intervient non plus comme conciliateur, mais avec son caractère propre : c'est lui qui donne au règlement la force exécutoire, c'est lui qui ordonne la délivrance des bordereaux de collocation et la radiation des inscriptions qui ne viennent pas en ordre utile, c'est lui enfin qui sanctionne ou refuse, au contraire, de ratifier l'arrangement intervenu. Ainsi avant l'ordonnance du

---

(1) La solution de cette question entraîne d'importantes conséquences, notamment au point de vue de la capacité nécessaire pour consentir au règlement amiable, des pouvoirs du juge, des voies de recours, des déchéances possibles, de l'utilité ou de l'inutilité de l'homologation du règlement d'ordre amiable, de l'obligation imposée ou non du ministère des avoués.

juge le règlement amiable avait un caractère consensuel, après cette ordonnance il a un caractère judiciaire.

Les partisans de la première opinion en concluent logiquement que le conservateur des hypothèques a le même droit de contrôle au cas d'ordre amiable qu'au cas d'ordre consensuel.

Ceux de la deuxième opinion en déduisent que le conservateur n'a point à vérifier le travail du juge et doit l'exécuter passivement.

Pour nous, nous déciderons comme ces derniers que le conservateur n'a pas à s'enquérir de la capacité des porteurs de bordereaux. Cette solution a été consacrée par un arrêt de la Cour de Dijon du 5 janvier 1863 qui a confirmé par adoption de motifs un jugement du tribunal de Beaune du 24 juillet 1862. « Considérant, dit le tribunal, que si l'ordre amiable a nécessairement pour point de départ le consentement des créanciers, ce consentement une fois acquis est un fait dont le juge seul est appelé à tirer les conséquences ; qu'il ordonne seul la délivrance des bordereaux aux créanciers utilement colloqués et la radiation des inscriptions ; que cette dernière radiation doit être opérée sur la présentation d'un extrait, délivré par le greffier, de l'ordonnance du juge ; — Considérant que cette ordonnance a donc un caractère essentiellement judiciaire qui ne saurait lui être refusé sans méconnaître à la fois les termes et l'esprit de l'art. 751, C. pr. civ.; — Considérant que si l'intention du législateur eût été qu'une expédition de l'ordre amiable fût remise au conservateur, en conformité des articles 2157 et 2158 du Code civil, il n'aurait point ordonné dans l'article 751 du Code de procédure que les inscriptions fussent rayées sur la présentation d'un simple extrait, et il n'aurait point inscrit dans cet article une dérogation formelle à la règle qu'il aurait voulu faire observer ; —

Considérant que le conservateur n'a point qualité pour apprécier et critiquer l'œuvre du juge ; son rôle est tracé d'une manière claire et précise par la loi qui décide que les inscriptions seront rayées sur la présentation d'un extrait, délivré par le greffier, de l'ordonnance du juge ; — Que vainement il rappelle des condamnations en dommages-intérêts prononcées contre des conservateurs des hypothèques qui auraient opéré des radiations d'inscriptions en vertu d'actes authentiques, sans s'être assurés de la capacité des parties, ou en vertu de jugements non passés en force de chose jugée ; qu'il prétend que sa responsabilité serait aussi engagée s'il opérait en l'état les radiations requises ; — Considérant qu'il n'existe aucune espèce d'analogie entre les espèces citées et le cas qui nous occupe ; que le conservateur ne compromet nullement sa responsabilité en remplissant le rôle purement passif qui lui est assigné par la loi, et en exécutant l'ordonnance du juge qui le met à l'abri de tout recours ; — Considérant qu'admettre les prétentions du conservateur à s'ériger en tribunal d'appel de l'œuvre du juge, ce serait non seulement consacrer le renversement de toute juridiction et de tous les principes sur la matière, mais encore frapper d'une impuissance radicale la loi sur les ordres amiables ; — Considérant que s'il pouvait dépendre du caprice du conservateur d'exécuter ou de ne pas exécuter l'ordonnance du juge, il s'ensuivrait que dans le cas où il refuserait de radier, ce qui arriverait le plus souvent par suite de la responsabilité qu'il encourrait, les créanciers qui, après avoir consenti à l'ordre amiable, voudraient toucher le montant de leurs collocations après radiation des inscriptions, se trouveraient enfermés dans une impasse dont ils ne pourraient sortir qu'en intentant un procès au conservateur, en l'obligeant à radier ; — Considérant que les créanciers, en présence d'une pareille éventualité toujours sus-

pendue sur leurs têtes, se refuraient constamment à adhérer
à un ordre amiable qui, au lieu de leur procurer une économie
de temps et d'argent, deviendrait pour eux une source d'em-
barras nombreux et de ruine ; — Considérant que le législateur n'a pu avoir en vue de favoriser un système destructeur
de son œuvre et en complète opposition avec les termes formels de l'article 751 du Code de procédure » (V. dans ce sens
Aix, 13 mars 1860. D. P. 60. 2. 166 et Civ. cass., 11 juillet
1865. D. P. 65. 1. 475).

La solution que nous avons adoptée est aujourd'hui à peu
près unanimement suivie par la pratique.

c) ORDRE JUDICIAIRE

113. — Au cas d'ordre judiciaire, le conservateur des
hypothèques, auquel on représente la main-levée de l'inscription et le bordereau quittancé, doit, sans délai, opérer la radiation (art. 771, C. pr. civ.). Il ne lui appartiendrait pas
d'examiner la capacité des parties ; les difficultés soulevées à
ce sujet au cas d'ordre amiable ne pourraient se reproduire
ici. M. Houyvet (*op. cit.*, n° 314bis) en donne nettement la
la raison. « Une créance, dit-il, a été admise dans le règlement provisoire ; si le travail du juge n'a pas été contredit
dans les délais, il est devenu irrévocable ; il est censé accepté
par toutes les parties ; nul ne peut désormais contester cette
créance... Si au contraire des contredits se sont élevés contre
la créance admise par le juge, et qu'un jugement ou un arrêt
aient maintenu la collocation, l'autorité de la chose jugée ne
permet pas de reproduire la même prétention. Ainsi, dans le
premier cas la fin de non-recevoir résulte de la forclusion ;
dans le second, de la chose jugée ». Certains arrêts tirent
cette conséquence, dans tous les cas, de l'autorité de la chose

jugée qui appartient au règlement définitif (V. les arrêts cités par Houyvet, *loc. cit.*). Mais, quoi qu'il en soit, on est d'accord pour décider que le travail du juge-commissaire ne peut jamais être critiqué, au moins à notre point de vue, par le conservateur des hypothèques.

Section II

De la radiation.

114. — L'article 771, C. pr. civ. indique que le conservateur des hypothèques devra opérer sur ses registres deux sortes de radiations : 1° celle *des inscriptions appartenant aux créanciers colloqués*, et 2° celle *de l'inscription d'office*, qui appartient au vendeur ou au saisi. Nous étudierons successivement chacune de ces radiations.

§ 1. — Radiation des inscriptions appartenant aux créanciers colloqués.

115. — Pour que le conservateur des hypothèques puisse opérer sur ses registres la radiation des inscriptions appartenant aux créanciers colloqués, la loi exige *la production du bordereau de collocation et d'une main-levée authentique*.

116. — Ces pièces sont-elles suffisantes, ou, au contraire, le conservateur est-il en droit d'exiger qu'il lui soit justifié *du paiement* du bordereau ? Les termes de l'article 771, C. pr. civ. pourraient paraître impliquer cette dernière solution, car ils embrassent simultanément la quittance et le consentement que le créancier doit donner. Mais le législa-

teur, dans l'art. 771, C. pr. civ., n'a eu sûrement en vue que
ce qui se passe d'ordinaire, c'est-à-dire le cas où la main-
levée est donnée dans la quittance même, et il est facile de se
rendre compte que la main-levée jointe au bordereau est nécessaire et suffisante. En effet, avant l'ouverture de l'ordre,
il eût fallu simplement, pour faire radier l'inscription, déposer
au bureau du conservateur « l'expédition de l'acte authentique portant consentement » (art. 2158, C. civ.) ; rien de
plus. Si le législateur avait exigé davantage après l'achèvement de l'ordre, s'il avait entendu que la quittance fût produite, il l'aurait exprimé nettement. Mais pour quelle raison
eût-il interdit au créancier colloqué d'accorder du crédit à
l'adjudicataire tout en renonçant à l'inscription qui garantissait sa créance ? De tels arrangements sont fréquents dans la
pratique et le législateur de 1858, très préoccupé de favoriser
et de développer en France le crédit agricole, alors dans
l'enfance, eût été à l'encontre de ses vues en les proscrivant.
M. Flandin (V. D. Rép., v° Ordre entre créanciers, n° 1220)
indique un autre intérêt de ces arrangements. « Les frais de
la quittance, dit-il, sont à la charge de l'acquéreur ou de l'adjudicataire ; et comme les quittances ne sont pas au nombre
des actes que les parties soient tenues de faire enregistrer, à
moins de mention dans un autre acte soumis à l'engegistre-
ment, ou de leur production en justice (L. 22 frim. an VII, article 23), il n'est pas interdit au débiteur, qui ne veut pas
faire les frais d'une quittance notariée de se contenter d'une
quittance sous seing privé, pour ne soumettre au conservateur
que l'acte authentique du consentement donné par le créancier à la radiation de l'inscription » (V. dans ce sens Angers,
2 février 1848. D. P. 48. 2. 195).

117. — Nous avons établi précédemment (V. *suprà*,
n° 113, p. 132) que le conservateur des hypothèques n'a point

le droit de contrôler ou vérifier le règlement définitif, ni, par suite, d'examiner si les parties étaient capables ou valablement représentées. Le même principe nous conduira à décider que le conservateur n'a point à s'assurer, avant d'opérer la radiation, de la compétence du juge qui a procédé à l'ordre. Il ne s'agit, bien entendu, que de la compétence *ratione personæ ;* l'exception d'incompétence n'ayant pas été opposée par les parties, le vice est couvert. Quant à l'incompétence *ratione materiæ,* comme elle est d'ordre public, le conservateur serait fondé à l'examiner et il pourrait se refuser à la radiation s'il découvrait une incompétence de cette nature (comme si, par exemple, l'ordre avait été réglé par un juge de paix).

118. — Ainsi dès que le bordereau et la main-levée lui sont remis, le conservateur doit opérer la radiation.

Le bordereau lui indique quelle personne a qualité pour consentir la main-levée ; ce bordereau est donc la pièce justificative qui, plus tard, pourra dégager sa responsabilité et établir que la radiation a été régulièrement opérée. On comprend par conséquent l'intérêt qu'aurait le conservateur à garder entre ses mains le bordereau. Mais cette prétention ne peut être admise, car les bordereaux quittancés doivent être remis à l'adjudicataire ou à la Caisse des dépôts et consignations comme preuve de leur libération. Il n'y a d'ailleurs à cela nul inconvénient pour le conservateur, car si le bordereau était vicieux, les parties qui intenteraient à ce conservateur un procès en dommages-intérêts seraient obligés de fournir la preuve qu'il a mal rempli sa mission et par conséquent elles devraient fournir ce bordereau.

119. — La nature même des créances admises au règlement ainsi que les incidents de l'ordre, exercent parfois leur influence sur la radiation des inscriptions appartenant aux créanciers colloqués ; c'est ce qui a lieu notamment lorsqu'il s'agit soit de *collocations éventuelles ou indéterminées*, soit de *collocations en sous-ordre.*

120. — Quand la créance colloquée est conditionnelle ou indéterminée (par exemple lorsqu'il s'agit de la créance en reprises d'une femme contre son mari. V. d'ailleurs *suprà*, Ch. II, n°ˢ 45 à 57), le paiement n'a point lieu immédiatement et une certaine somme est mise en réserve pour être attribuée à celui qui, par la suite des événements, deviendra le titulaire de la créance.

Mais, si le paiement du bordereau ne peut avoir lieu immédiatement, la radiation de l'inscription appartenant au créancier éventuel doit néanmoins être immédiatement effectuée. Le tiers acquéreur, en effet, a droit à sa libération, car le dépôt ou l'emploi équivalent, en ce qui le concerne, à un paiement. L'inscription prise par le créancier éventuel est, d'ailleurs, devenue inutile à ce dernier, même au cas où, dans l'avenir, il se trouverait avoir à exercer une action en répétition contre la Caisse des dépôts et consignations ou contre les créanciers postérieurs ; l'inscription a produit, au moment de la clôture de l'ordre, tout son effet au point de vue du droit de suite ; l'hypothèque du créancier ne lui confère plus qu'un droit de préférence sur le prix (arg. art. 777, C. pr. civ.) et le tiers acquéreur, ayant purgé et payé, possède maintenant un immeuble affranchi de toutes les charges qui le grevaient.

121. — En matière de sous-ordre (V. *suprà*, Ch. II, n° 65), lorsque le paiement a lieu de suite, aucune particularité ne peut se produire. Si les demandes de collocation en sous-ordre sont, au contraire, contestées, le montant du bordereau

de collocation du créancier direct est déposé à la Caisse des
dépôts et consignations ou laissé entre les mains du tiers
acquéreur (V. *suprà,* Ch. II, n° 66). Dans le premier cas ce
tiers acquéreur ayant versé son prix a complètement libéré
son immeuble : le juge-commissaire doit, en conséquence,
ordonner la radiation de l'inscription appartenant au créancier direct, conformément à l'article 777, C. pr. civ. Dans le
deuxième cas « l'adjudicataire paie les colloqués en sous-ordre
sur la présentation de leurs bordereaux, et il obtient la radiation de l'inscription du créancier direct sur la production au
conservateur de ces bordereaux et de la quittance des créanciers ayant é'é payés comme exerçant les droits du créancier
direct du saisi, et s'élevant à la totalité du montant de la collocation de ce créancier dans l'ordre. Si tout n'est pas absorbé
par les créanciers colloqués en sous-ordre, la radiation de
l'inscription du créancier direct ne devra être faite qu'après
paiement du restant à ce créancier » (Seligman, *op. cit.,*
n° 622).

§ 2. — Radiation de l'inscription d'office.

122. — « Au fur et à mesure des collocations, dit l'article
771, C. pr. civ., le conservateur des hypothèques, sur la représentation du bordereau et de la quittance du créancier,
décharge, d'office, l'inscription jusqu'à concurrence de la
somme acquittée. — L'inscription d'office est rayée définitivement sur la justification, faite par l'adjudicataire, du paiement de la totalité de son prix, soit aux créanciers utilement
colloqués, soit à la partie saisie. »

On a beaucoup discuté sur le sens de ces deux phrases.
Cette discussion existait même avant la loi du 21 mai 1858,

cette loi n'ayant fait d'ailleurs que fondre dans le seul article 771 les anciens articles 772, 773 et 774, en supprimant toute-fois un membre de phrase de ce dernier article.

Trois opinions divisaient la doctrine et la jurisprudence.

Les uns soutenaient que la première phrase (comprise alors dans l'art. 773) se rapportait aux créanciers colloqués, le conservateur devant d'office rayer leurs inscriptions sur le vu des bordereaux quittancés, et que la deuxième (comprise alors dans l'art. 774) se référait aux créanciers non colloqués, le conservateur devant également rayer d'office leurs inscrip-tions sur le vu de l'ordonnance de radiation du juge-com-missaire (V. Tarrible, Rép. de Merlin, v° Saisie immobilière, § 8, n° 6).

Les autres, et parmi eux Pigeau (Proc. civ., t. II, p. 450), prétendaient qu'il s'agissait de l'inscription d'office prise par le conservateur au moment de la transcription, conformément à l'article 2108, C. civ. « Si l'adjudicataire, disait Pigeau, a fait transcrire son jugement, le conservateur a dû inscrire, d'office, le saisi, au profit de la masse de ses créanciers, pour le prix de l'adjudication et toutes les créances résultant de ce jugement ; s'il ne l'a pas fait, le poursuivant, ou tout autre créancier plus diligent, a pu faire cette transcription, à l'effet d'acquérir inscription (art. 2108, C. civ.). — Au fur et à me-sure du paiement des collocations, le conservateur des hypo-thèques, sur la représentation du bordereau et de la quittance du créancier, déchargera l'inscription d'office jusqu'à concur-rence de la somme acquittée » de telle façon que cette ins-cription sera définitivement rayée lorsque l'adjudicataire fournira la preuve qu'il a payé l'intégralité de son prix aux créanciers colloqués ou à la partie saisie.

Enfin quelques auteurs (V. notamment Ollivier et Mourlon, *op. cit.,* n° 456 et 457 ; Seligman, *op. cit.,* n° 553 ; Houyvet, *op. cit.*, n°s 344 et 345) ont cherché, depuis la loi du 21 mai 1858, à concilier les deux opinions précédentes : avec les partisans du premier système ils pensent que la phrase de l'art. 771 qui ordonne au conservateur de « décharger, d'office, l'inscription », se rapporte à la radiation des inscriptions des créanciers colloqués ; avec les partisans du second système ils estiment que ces mots « l'inscription d'office » se rapportent à l'inscription prise d'office par le conservateur au moment de la transcription, conformément à l'article 2108, C. civ.

Nous pensons que l'inscription dont il est question dans l'art. 771, C. pr. civ. est celle qui est prise au moment de la transcription par le conservateur des hypothèques, ou, comme l'on dit, *brevitatis causa*, l'inscription d'office. S'il s'agissait de la radiation des inscriptions colloquées, il eût fallu dire que le conservateur déchargerait « les inscriptions » et non « l'inscription ». « En second lieu, comme le dit Pigeau (*loc. cit.*, note 1), on ne décharge pas les inscriptions, quand on en paye les causes, on décharge l'immeuble des inscriptions. — Enfin l'article consacrerait une erreur palpable. Lorsque les collocations sont acquittées, ce n'est pas seulement jusqu'à concurrence de la somme acquittée que l'immeuble est dégrevé ; il est dégrevé complètement de l'inscription, car cette inscription a produit tout son effet. Elle peut bien subsister sur d'autres immeubles ; mais elle disparaît entièrement de l'immeuble dont le prix a été soumis à l'ordre. Il serait donc faux de dire que l'inscription est déchargée jusqu'à concurrence de la somme acquittée..... »

Cette opinion est aujourd'hui très généralement admise (V. Chauveau, *op. cit.*, Question 2612 ; Grosse et Rameau, *op. cit.*, t. II, n° 475 ; Bioche, *op. cit.*, v° Ordre n° 563 ; Pont sur Seligman, *op. cit.*, p. 400, note 1).

La radiation de l'inscription d'office doit être opérée lorsque le total des créances colloquées qui ont été payées ou dont les titulaires ont renoncé au privilège du vendeur et aux effets de cette inscription, est égal au montant du prix d'adjudication. Mais il ne suffirait pas pour que cette radiation ait lieu que les créanciers colloqués aient renoncé au privilège et à l'action résolutoire. « La raison en est, dit M. Boulanger (*op. cit.*, t. II, n° 791) que l'inscription d'office profite non-seulement aux créanciers inscrits et comparants à l'ordre, mais encore aux créanciers non produisants ou omis, et même aux créanciers non inscrits qui peuvent faire valoir leurs droits sur le prix. »

De ce que le conservateur, en opérant la radiation de l'inscription afférente à chaque bordereau, décharge l'inscription d'office qui se trouve définitivement rayée sur la justification du paiement intégral du prix, suit cette conséquence très remarquable qu'*aucune main-levée n'est nécessaire* pour que cette inscription soit radiée.

CHAPITRE IV

Voies d'exécution (¹)

123. — Le bordereau de collocation constitue un titre authentique et exécutoire par l'effet duquel l'adjudicataire devient le débiteur direct du créancier colloqué en vertu d'une sorte de délégation imparfaite qui laisse néanmoins subsister l'obligation du débiteur primitif envers ce créancier. Celui-ci a donc le droit de se prévaloir de l'obligation de l'adjudicataire pour poursuivre le paiement de son bordereau au moyen d'une saisie des biens mobiliers et immobiliers de ce dernier et notamment de l'immeuble qui a appartenu au précédent vendeur ou saisi.

---

(1) Les questions développées au présent chapitre se présenteront peu souvent en matière de contribution, parce que généralement elles supposent que les bordereaux ont été délivrés, à la suite d'une vente immobilière, à des créanciers inscrits.

Mais il n'en est pas mois vrai que les créanciers porteurs de bordereaux délivrés à la suite d'une contribution auraient, en principe, le droit d'exercer les voies d'exécution étudiées dans ce chapitre.

Quelques explications sont nécessaires à ce sujet.

Tout d'abord chaque créancier colloqué étant devenu créancier personnel du détenteur des fonds peut poursuivre son paiement au moyen de toutes les voies d'exécution que le droit commun attribue aux créanciers chirographaires, et notamment au moyen de la saisie des immeubles appartenant à ce détenteur. Tout créancier colloqué peut également, à défaut de paiement, provoquer la résolution de la vente immobilière consentie au détenteur des fonds.

Lorsque le prix distribué provient d'une adjudication immobilière, les créanciers colloqués pourraient même provoquer la mise en vente sur folle enchère de l'immeuble, à la condition toutefois que la première adjudication ait eu lieu en justice. En effet l'article 733, C. pr. civ., qui fixe les conditions d'exercice de la folle enchère est ainsi conçu : « Faute par l'adjudicataire d'exécuter les clauses de l'adjudication, l'immeuble sera vendu à sa folle enchère. » Cet article, on le voit, ne renferme aucune distinction et il en résulte que toute personne ayant un intérêt légitime à l'exécution des « clauses de l'adjudication » a le droit de

Ce créancier peut encore, en exerçant les droits de son débiteur, conformément à l'article 1166, C. civ., provoquer la résolution de la première vente. Il n'exerce dans ce cas qu'une action oblique, car la délivrance du bordereau n'équivaut pas à paiement et ne peut avoir pour conséquence une subrogation du créancier dans les droits du saisi ou du vendeur.

Enfin le créancier colloqué a le droit, lorsque l'adjudicataire ne s'exécute pas, de poursuivre contre lui, en vertu de son titre, la revente de l'immeuble par la voie de la folle enchère (art. 733 et 735, C. pr. civ.).

L'adjudicataire, s'il veut éviter ces poursuites, devra faire des offres réelles et satisfactoires et non des offres conditionnelles, car le paiement du bordereau doit être immédiat et provision est due à ce titre (V. Toulouse, 4 mars 1864. D. P. 64. 2. 72).

---

poursuivre la folle enchère. Or l'adjudicataire est débiteur de son prix envers la masse des créanciers colloqués ; chacun de ces derniers a donc un intérêt évident à provoquer la revente de l'immeuble sur folle enchère. Toutefois l'article 770, C. pr. civ. étant exclusivement relatif à la procédure d'ordre et conférant aux créanciers colloqués des droits exceptionnels ne peut recevoir aucune application en matière de contribution. Il faudra, dans ce cas, après la revente sur folle enchère, procéder à une nouvelle distribution des fonds Les créanciers colloqués dans le précédent règlement auront seulement le droit, en se fondant sur les dispositions de l'art. 1166, C. civ., de faire valoir le privilège du vendeur, qui appartient à leur débiteur primitif (à la condition toutefois que ce privilège ait été conservé par une inscription régulière) et d'éviter le concours des créanciers de l'adjudicataire en obtenant une sous-collocation sur la somme attribuée par privilège à ce débiteur dans le nouveau règlement.

Dans le cas où l'immeuble aurait été revendu à l'amiable par l'acquéreur, les créanciers colloqués n'auraient pas le droit de saisir l'immeuble de leur propre chef, car nous avons vu que le bordereau de collocation ne leur confère pas d'hypothèque judiciaire. Mais ils pourraient, du chef de l'acquéreur primitif (Arg. art. 1166, C. civ.), saisir l'immeuble ou faire prononcer la résolution de la vente. Ces droits mêmes cesseraient de leur appartenir si le sous-acquéreur s'était libéré entre les mains de l'adjudicataire du montant intégral de son prix. Aussi les créanciers colloqués feront-ils sagement en formant saisie-arrêt entre les mains du sous-acquéreur, dès qu'ils auront connaissance de la revente.

124. — Lorsque le créancier poursuit le paiement de son bordereau par la saisie des biens de l'adjudicataire autres que l'immeuble dont le prix a fait l'objet de la distribution, il n'y a aucune particularité à signaler ; le bordereau n'est alors qu'un titre de créance dont les effets sont identiques à ceux de tous autres titres de créance.

125. — Il n'en est pas de même lorsque ce créancier saisit l'immeuble dont le prix a fait l'objet de l'ordre, lorsqu'il exerce l'action résolutoire, lorsque l'immeuble est revendu amiablement à un sous-acquéreur, ou enfin lorsque cet immeuble est adjugé sur folle enchère. — Les trois premières hypothèses entraînent des conséquences analogues ; au contraire les effets de la folle enchère sont entièrement différents des précédents.

126. — Nous diviserons donc ce chapitre en deux sections : 1° Effets du bordereau de collocation au cas de *revente de l'immeuble sur saisie ou à l'amiable*, — 2° Effets de ce bordereau au cas de *revente de l'immeuble sur folle enchère*.

SECTION I

Effets du bordereau de collocation au cas de revente de l'immeuble sur saisie ou à l'amiable.

127. — Que l'immeuble ait été revendu après que l'action résolutoire l'a fait rentrer dans le patrimoine du saisi ou du vendeur, qu'il l'ait été sur saisie, ou à l'amiable par l'adjudicataire, *un nouvel ordre est nécessaire.*

Dans le premier cas c'est évident, puisque la première adjudication est censée n'avoir jamais eu lieu ; il n'y a donc jamais eu de prix à distribuer et les droits des créanciers doivent être réglés d'après l'état de choses existant au moment de la revente.

Dans les deux autres cas ce n'est pas moins exact, car la revente sur saisie immobilière ou la revente volontaire laissent subsister la première vente ; les droits réels consentis entre temps par l'adjudicataire seront donc maintenus et leurs titulaires auront droit à une collocation. Comme le dit fort exactement la Cour de cassation « dans les cas où il est procédé à une revente immobilière ou à une nouvelle saisie immobilière, la première adjudication n'est pas atteinte ; le premier adjudicataire n'est pas dégagé de ses obligations et le nouvel adjudicataire ne peut être libéré qu'à la suite d'un nouvel ordre et d'une nouvelle distribution du prix » (Cass., 17 janvier 1876. S. 77. 1. 21).

128. — Ainsi un ordre entièrement distinct de l'ordre précédent s'ouvrira. Les conséquences de ce principe sont nombreuses :

1° Au cas de revente volontaire, le sous-acquéreur devra avant l'ouverture du nouvel ordre, faire de nouvelles notifications et les créanciers auront la faculté de surenchérir. Au cas de saisie immobilière les sommations prescrites par l'article 692, C. pr. civ., devront être faites aussi bien aux créanciers inscrits du chef du premier saisi ou vendeur qu'à ceux inscrits du chef du précédent adjudicataire.

2° Les créanciers inscrits du chef du précédent saisi ou vendeur et de l'adjudicataire seront admis au nouvel ordre.

3° Les créanciers qui avaient été déclarés forclos dans l'ordre précédent pourront produire valablement au nouvel ordre, à la condition toutefois qu'ils aient conservé leurs inscriptions. — Cette solution paraît singulière lorsque l'immeuble a été revendu sur saisie. En effet, le droit de saisir l'immeuble n'appartient plus qu'aux seuls créanciers colloqués ; les créanciers forclos n'ont aucun droit à cet égard. Or l'exercice de cette saisie va avoir pour résultat de faire revivre au préjudice des créanciers colloqués les droits des créanciers forclos, de telle sorte que les premiers pourront, à leur tour, se trouver exclus de la nouvelle distribution. Il semble, tout d'abord, impossible que l'insolvabilité ou la malveillance de l'adjudicataire primitif puisse avoir pour conséquence de faire acquérir des droits à des créanciers qui les avaient perdus par leur négligence et de faire ainsi perdre les leurs à des créanciers qui les avaient conservés par leur vigilance. D'ailleurs il y a lieu de craindre des collusions entre le premier adjudicataire et les créanciers forclos ; sans doute l'adjudicataire reste tenu au regard des créanciers colloqués au premier ordre, mais le recours que ces créanciers exerceront contre lui sera souvent rendu illusoire par son insolvabilité.

Ces arguments tirés de l'équité ne sauraient malheureusement prévaloir contre des principes juridiques incontestables. Le bordereau de collocation n'équivaut pas à paiement ; or un paiement est indispensable, aux termes de l'article 2186, C. civ., pour que la purge soit opérée. Les notifications, en effet, constituent seulement une offre, et, de même, la transcription n'opère purge que sous la condition d'un paiement effectif entre les mains des créanciers inscrits à cette époque. Les créanciers colloqués ne peuvent d'ailleurs se prévaloir des droits acquis par eux dans l'ordre précédent et soutenir que l'ordonnance du juge-commissaire ayant entre tous les

créanciers sommés l'autorité de la chose jugée, la forclusion
des créanciers non produisants leur est irrévocablement acquise, car le nouvel ordre est entièrement différent de celui
qui l'a précédé ; ni l'acquéreur, ni le prix, ni le poursuivant,
ni les créanciers à colloquer n'y sont les mêmes et l'article
1351, C. civ. ne saurait recevoir ici aucune application (V.
Civ. cass., 17 mai 1859. S. 59. 1. 577). En conséquence de ce
principe nous déciderons que les radiations opérées à la suite
de l'ordre précédent (qu'il s'agisse d'inscriptions appartenant
à des créanciers forclos ou ne venant pas en ordre utile) n'auront aucun effet à l'égard de l'ordre nouveau et que les créanciers dont les inscriptions ont été rayées pourront valablement
y prendre part.

4° Les créanciers porteurs de bordereaux de collocation ne
seront admis à faire valoir leurs droits dans le nouvel ordre
qu'à la condition d'avoir régulièrement renouvelé leurs inscriptions. En effet les inscriptions demeurent soumises à la
nécessité du renouvellement décennal tant qu'elles n'ont pas
produit leur effet légal. Or si, soit à la suite d'événements
qui ont précédé l'ordre, soit à la suite de cet ordre même
(V. *suprà*, Ch. I, n° 32), les inscriptions ont pu être réputées
avoir produit leur effet et se trouver ainsi dispensés du renouvellement, ce n'est qu'à l'égard des créanciers du saisi ou
du vendeur primitif entre eux (V. *suprà*, Ch. I, n° 33). Mais
il n'en saurait être de même par rapport au nouvel adjudica-
tataire non plus qu'aux créanciers auxquels il aurait conféré
hypothèque sur l'immeuble ; faute de renouvellement, les hypothèques du saisi ou du vendeur primitifs ne peuvent leur
être opposées, car les événements qui ont arrêté le cours des
inscriptions n'ont aucun effet à leur égard. La dispense de
renouvellement qui résulte de la purge est relative ; elle ne
peut s'étendre qu'aux parties en cause au moment où cette

purge s'accomplit ; admettre qu'elle s'étend encore au droit de suite contre des sous-acquéreurs ou leurs créanciers, ce serait admettre un effet dépassant sa cause (V. Paris, 1ᵉʳ août 1855. J., av., 1856. 168 ; *Adde*, Aubry et Rau, *op. cit.*, t. III, § 280, texte et notes 25 et 26).

5° Enfin les bordereaux délivrés à la suite de l'ordre précédent ne pourront être ramenés à exécution contre les sous-acquéreurs et de nouveaux bordereaux devront être délivrés à la suite du nouvel ordre. Toutefois les anciens bordereaux conserveront leur effet contre l'adjudicataire primitif, qui demeure personnellement tenu au regard des créanciers colloqués jusqu'au paiement intégral du montant des sommes portées à ce bordereau.

Section II

Effets du bordereau de collocation au cas de revente de l'immeuble sur folle enchère.

129. — On appelle fol enchérisseur l'acquéreur qui n'exécute pas les conditions d'une adjudication faite en justice. Cette inexécution a pour conséquence possible, non pas nécessaire, une revente aux enchères de l'immeuble, aux risques et périls de l'adjudicataire. On dit alors que la revente a lieu sur folle enchère pour marquer la témérité de l'adjudicataire primitif qui s'était engagé à des obligations auxquelles il ne pouvait satisfaire.

Le créancier porteur du bordereau de collocation ne peut pas toujours provoquer, au cas de non paiement de ce borde-

reau, la folle enchère de l'immeuble. Cette procédure, en
effet, n'est point possible lorsque la première vente a eu lieu
à l'amiable, sans autorité de justice et entre parties majeures
et maîtresses de leurs droits. C'est que, dans ce cas, le vendeur choisit l'acheteur et discute avec lui les conditions de la
vente. Les créanciers colloqués ne pourront donc attaquer
cet acte que dans le cas de fraude, en vertu de l'article 1167,
C. civ. Quant au vendeur lui-même, il pourra, au cas d'inexécution du contrat, en demander la résolution pour défaut de
paiement du prix (art. 1654, C. civ.), ou, se prévalant de sa
qualité de créancier, saisir l'immeuble et le faire vendre.

Il n'en va pas de même au cas de vente judiciaire : le vendeur n'y choisit pas l'acheteur et ne discute pas avec lui les
conditions du contrat ; l'acquéreur tient ses droits de la loi,
non du vendeur. C'est pourquoi cette même loi, pour protéger
plus efficacement les droits du vendeur et de ses ayants cause,
outre les moyens ordinaires, a assuré l'exécution des obligations résultant de l'adjudication par une procédure plus rapide et plus économique, celle de la folle enchère.

En 1858 la commission du Corps législatif avait proposé
d'étendre à toutes espèces de ventes la procédure de folle
enchère. « Cette mesure de la folle enchère, disait le rappor-
teur, rapide, peu coûteuse, affranchie du droit proportionnel
de mutation (si ce n'est pour l'excédant du prix de la revente
sur celui de la première adjudication), faut-il, s'asservissant à
la lettre du mot *enchère*, en restreindre les avantages aux
ventes judiciaires ? L'acquéreur sur vente ordinaire, lorsqu'il
ne satisfait pas au paiement des bordereaux délivrés contre
lui dans un ordre, n'est-il pas, dans une certaine mesure, assimilable au fol enchérisseur ? Sans doute il n'a pas commis
cette espèce de manquement à la foi publique dont est coupable celui qui rend illusoire une vente dont le juge était

témoin ; mais il a trompé la foi d'un ordre qui s'était ouvert à grands frais en présence de sa promesse de payer les bordereaux ; il doit aux créanciers la réparation qui entre dans le régime de la folle enchère ; ces créanciers, après une attente et des frais inutiles, ont quelques titres à être armés d'une procédure rapide et peu dispendieuse, qui les dispense d'une saisie immobilière ou d'une action en résolution. »

Cet amendement fut rejeté par le Conseil d'Etat. M. Duvergier (Coll. des Lois, année 1858, p. 162) en donne deux motifs. « D'abord dans les ventes sur folle enchère, c'est l'ancien cahier des charges, celui qui a servi de base à la première adjudication, qui doit servir de base à la seconde (art. 735, C. pr. civ.). Or comment admettre, pour point de départ des enchères, un acte de vente auquel le caprice ou l'ignorance des parties a pu donner la forme la plus étrange et souvent la plus nuisible aux intérêts de tous ? En second lieu, le fol enchérisseur est contraignable par corps au paiement de la différence entre son prix et celui de la revente sur folle enchère (art. 740, C. pr. civ.). »

La deuxième objection tombe d'elle-même depuis que la loi du 22 juillet 1867, art. 1, a aboli la contrainte par corps en matière commerciale, civile et contre les étrangers.

Mais la première objection est fort judicieuse, car si, pour l'écarter on exige que la nouvelle adjudication ait lieu sur le dépôt d'un nouveau cahier des charges, la procédure de folle enchère entraînerait, du moins jusqu'à la revente, presque les mêmes frais que la procédure ordinaire de saisie. — Nous pensons toutefois qu'à partir de cette nouvelle adjudication, l'extension de l'article 779, C. pr. civ. à toutes les ventes aurait un heureux résultat, en ce sens non seulement que cette extension entraînerait une notable économie de frais, mais encore qu'elle écarterait les conséquences fâcheuses d'un nouvel ordre, conséquences que nous avons précédemment étudiées.

Quoi qu'il en soit, dans le droit actuel la folle enchère n'est possible que dans les ventes qui nécessitent, à des titres divers, l'intervention de la justice, c'est-à-dire lorsqu'il s'agit d'immeubles ayant appartenu à des mineurs ou interdits, dépendant d'une succession bénéficiaire ou vacante, adjugés sur licitation (lorsque les formes judiciaires ont été suivies), ou à la suite d'une faillite, d'une liquidation judiciaire, ou enfin sur saisie immobilière (¹).

130. — En 1806, le législateur avait négligé de s'expliquer sur les effets de la folle enchère relativement à un ordre en cours ou clôturé. Aussi la jurisprudence s'était à ce sujet montrée d'abord hésitante et quelques arrêts décidèrent même qu'un nouvel ordre était nécessaire (V. notamment Rouen, 13 décembre 1817. S. 22. 1. 73). Mais la jurisprudence avait fini par s'établir définitivement en ce sens que l'adjudication sur folle enchère n'était qu'une continuation de l'adjudication primitive, laquelle disparaissait en quelque sorte, et qu'il s'agissait de rendre l'ordre, ouvert ou clos, applicable au nouveau prix au moyen d'un calcul à établir sur la différence des deux prix (V. arrêt de la Cour de cassation du 12 novembre 1821, cassant l'arrêt de la Cour de Rouen précité. S. 22. 1. 73).

La loi du 21 mai 1858 a consacré cette jurisprudence. « L'adjudication sur folle enchère, dit l'article 779 C. pr. civ., intervenant dans le cours de l'ordre et même après le règlement définitif et la délivrance des bordereaux, ne donne pas lieu à une nouvelle procédure. Le juge modifie l'état de collo-

---

(1) Nous en dirions autant des ventes en la forme administrative, des ventes de rentes constituées sur particuliers et des ventes de navires.

cation, suivant les résultats de l'adjudication, et rend les bordereaux exécutoires contre le nouvel adjudicataire. »

Ainsi la loi nouvelle envisage deux hypothèses : celle où l'adjudication sur folle enchère survient pendant le cours de l'ordre, et celle où elle n'intervient qu'après la délivrance des bordereaux. C'est cette dernière hypothèse qui seule nous intéresse.

Nous étudierons en premier lieu la *procédure à suivre, et* en second lieu les *effets de la folle enchère* sur les droits des créanciers colloqués et du fol enchérisseur.

§ 1. — Procédure.

131. — Quelles sont les formalités à accomplir par les créanciers porteurs de bordereaux pour parvenir à la revente de l'immeuble sur folle enchère — et, cette revente effectuée, comment s'exécuteront les bordereaux ; telles sont les deux questions qu'il nous faut résoudre.

1º *Des règles spéciales concernant la poursuite de la folle enchère par des créanciers munis de bordereaux de collocation.*

132. — Lorsque l'adjudicataire ne paie point les créanciers colloqués, ceux-ci, en vertu de leurs bordereaux, titres exécutoires et authentiques, peuvent poursuivre la revente sur folle enchère de l'immeuble, conformément à l'article 733 C. pr. civ. — En général la procédure de folle enchère s'ouvre par la remise d'un certificat émané du greffier et « constatant que l'adjudicataire n'a point justifié de l'acquit des conditions exigibles de l'adjudication » (art. 734 C. pr. civ.). Le but de ce certificat est de prouver que l'adjudicataire n'a pas justifié au greffier, au moyen d'une quittance, du paiement dans les vingt jours de l'adjudication des frais ordinaires et extraordinaires mis à sa charge et qu'en conséquence le greffier n'a pu lui délivrer la grosse du jugement d'adjudication. Mais lorsque les bordereaux ont été délivrés, ce certificat n'aurait aucune raison d'être. En effet, l'ouverture d'un ordre suppose nécessairement la transcription préalable de la grosse du jugement d'adjudication (art. 750 C. pr. civ. et art. 1 loi 23 mars 1855). Cette grosse a donc été délivrée et l'exigence du certificat n'aurait aucun sens. En conséquence, l'article 735 C. pr. civ. décide que « si la folle enchère est poursuivie après la délivrance du jugement d'adjudication, trois jours après la signification du bordereau de collocation avec commandement, il sera apposé de nouveaux placards, etc. ». Il n'y a là, selon nous, qu'une application du droit commun qui rend la signification du bordereau nécessaire avant toute mesure d'exécution. Le bordereau, en effet, ne peut être régulièrement porté à la connaissance de l'adjudicataire que par cette voie. Cet adjudicataire aurait donc le droit de se prévaloir du défaut de signification du bordereau pour faire annuler toute la procédure de folle enchère qui aurait été suivie.

Trois jours francs après la signification du bordereau et le commandement, le créancier a le droit de faire apposer les placards et de poursuivre la revente dans les formes ordinaires de la procédure de folle enchère.

133. — Lorsque l'adjudicataire vient à décéder sans s'être libéré du montant des bordereaux, les créanciers colloqués ne pourront pas immédiatement accomplir contre les héritiers les formalités de l'article 735 C. pr. civ. D'abord ils devront observer les délais accordés aux héritiers par l'article 795 C. civ. pour faire inventaire et délibérer. Ils devront ensuite leur signifier le bordereau huit jours au moins avant de faire commandement (art. 877 C. civ.), car la folle enchère est une mesure d'exécution qui ne doit pas plus qu'une autre surprendre à l'improviste un héritier avant qu'il ait pu se mettre au courant des forces actives et passives de la succession.

134. — Le créancier porteur d'un bordereau de collocation peut poursuivre la folle enchère à la seule condition de n'avoir pas été désintéressé. Au contraire, un créancier inscrit qui dans l'ordre n'aurait pas été colloqué, ne pourrait le faire, car il serait sans intérêt. Les hypothèques qui grevaient l'immeuble ont été purgées, sous la condition du paiement du prix offert ou déterminé par l'adjudication à ceux des créanciers qui, à la suite de l'ordre, seront reconnus y avoir droit ; à l'égard des créanciers non colloqués la vente demeure donc inattaquable, car ils ne sauraient se prévaloir de ce fait que des bordereaux, qui ne leur appartiennent pas, sont demeurés impayés. Pour les mêmes motifs, le saisi ou le vendeur ne pourront pas davantage poursuivre la folle enchère, sauf le cas où le règlement de l'ordre leur donnerait droit à un reliquat du prix.

135. — Lorsque le bordereau de collocation a fait l'objet d'une cession, le cessionnaire, devenu le titulaire de ce titre de créance, peut poursuivre la folle enchère, à la condition toutefois de signifier l'acte de cession à l'adjudicataire, afin d'établir la preuve de son droit et de le rendre opposable tant à cet adjudicataire qu'aux créanciers colloqués conformément à l'article 1690 C. civ. — Au cas de subrogation (par exemple lorsqu'un créancier a désintéressé son cocréancier colloqué), le subrogé aura le même droit, à la condition d'établir au moyen d'une signification l'existence et la régularité de la subrogation.

136. — Le créancier porteur d'un bordereau de collocation impayé pourrait poursuivre la folle enchère, alors même que, depuis la transcription de l'adjudication ou la notification, il aurait laissé périmer l'inscription hypothécaire qui garantissait sa créance. Cette solution ne peut faire de doute, car ce créancier possède contre l'adjudicataire un titre dont l'inexécution autorise, aux termes de l'art. 733 C. pr. civ., la poursuite de folle enchère.

137. — Mais la question s'est élevée de savoir si ce créancier dont l'inscription est périmée, avait le droit de poursuivre la revente sur folle enchère de l'immeuble contre un tiers acquéreur. Pour comprendre nettement la question, il convient d'examiner quelle serait la situation de ce créancier vis-à-vis du tiers acquéreur s'il prétendait agir contre lui au moyen d'une autre voie que la folle enchère. La dispense du renouvellement de l'inscription, à quelque époque qu'on la place, a un caractère relatif, elle ne s'applique qu'au regard des créanciers entre eux et au regard de l'adjudicataire primitif; mais elle ne concerne pas les sous-acquéreurs qui ignorent légitimement l'existence d'une hypothèque dont l'inscription est périmée et qui ne se trouve pas mentionnée dans l'état sur transcription. Le créancier colloqué a donc perdu son droit de suite, et, comme le sous-acquéreur n'est pas obligé personnellement envers lui, il ne peut agir directement contre ce sous-acquéreur ni en paiement de son bordereau, ni en délaissement de l'immeuble. En conséquence, les créanciers porteurs de bordereaux ne pourraient qu'exercer, en vertu de l'article 1166 C. civ., les droits de leur débiteur, ce qui leur permettrait soit d'intenter une action en résolution de la première vente, soit, à la condition que le privilège du vendeur ait été régulièrement conservé, de provoquer la saisie immobilière de l'immeuble.

138. — Ces actions mêmes, le créancier colloqué ne pourra pas toujours les exercer au nom de son débiteur, car, dans la

personne de ce dernier, elles sont soumises à certaines causes
de déchéance.

L'action résolutoire, telle qu'elle avait été organisée par le
Code civil, était permise pendant trente ans contre le tiers
détenteur. Aucune mesure de publicité n'avertissait les tiers
du danger qu'ils couraient. C'était là un vice grave dans notre
législation, surtout si l'on songe que la prescription trentenaire
peut être interrompue ou suspendue et que la première adjudication n'est pas toujours soumise à la transcription, de telle
sorte qu'un sous-acquéreur peut fort bien ignorer quels sont
les précédents vendeurs de l'immeuble.

Les lois du 2 juin 1841, du 23 mars 1855 et du 21 mai 1858
sont venues successivement apporter des remèdes à ce vice.
Les ventes sur saisie immobilière attirèrent principalement
l'attention du législateur. Le défaut de publicité avait, dans
ces sortes d'adjudications, des conséquences particulièrement
dangereuses, car, d'une part, l'adjudicataire ne pouvait la
plupart du temps obtenir du saisi aucun renseignement sur
sa libération, et, d'autre part, lorsque cet adjudicataire soup-
çonnait que le saisi ne s'était pas libéré envers son vendeur,
il ne pouvait pas, comme dans les ventes volontaires, se prévaloir de l'article 1653 C. civ., pour suspendre le paiement du
prix. C'est pourquoi l'article 692 1° C. pr. civ., modifié par les
lois de 1841 et 1858, ordonna au poursuivant de faire sommation au précédent vendeur non payé dont le privilège est inscrit ; cette sommation doit contenir la déclaration que « faute
par lui de former sa demande en résolution et de la notifier
au greffe avant l'adjudication de l'immeuble, il sera définitivement déchu, à l'égard de l'adjudicataire, du droit de former
sa demande en résolution ». Le nouvel article 717 C. pr. civ.,
corroborant la disposition de l'article 692, décide que « l'adjudicataire ne pourra être troublé dans sa propriété par au-

cune demande en résolution fondée sur le défaut de paiement du prix des anciennes aliénations, à moins qu'avant l'adjudication la demande n'ait été notifiée au greffe du tribunal où se poursuit la vente. » — Ces règles, spéciales à la procédure de saisie immobilière, ne concernent que le précédent vendeur *dont le privilège est inscrit.*

La loi du 23 mars 1855 eut un autre but : elle se préoccupa de la clandestinité de l'action résolutoire et, dans son article 7, elle décida que le sort de cette action serait lié à celui du privilège du vendeur, de telle manière que l'extinction du privilège entraînerait la déchéance du droit de poursuivre la résolution (¹).

139. — Faut-il assimiler la folle enchère à l'action résolutoire, et décider en conséquence que les créanciers colloqués ne pourront la poursuivre, en leur nom personnel, qu'à la condition d'avoir renouvelé leurs inscriptions, ou, au nom de leur débiteur (si, après épuisement des collocations, ce dernier a droit à un reliquat), qu'à la condition que le privilège du vendeur ait été régulièrement conservé, et, au cas où la première adjudication a eu lieu sur expropriation forcée, que la demande en résolution ait été notifiée au greffe, conformément aux articles 692 et 717 C. pr. civ. ?

Sur la solution de cette importante question l'accord n'a pu s'établir ; tandis que les uns déclarent déchu de l'action en folle enchère le créancier colloqué qui a laissé périmer son inscription, d'autres lui reconnaissent le droit de l'intenter, et d'autres enfin établissent des distinctions.

---

(1) Mais c'est uniquement au regard des tiers qu'envisage la loi de 1855 que l'action en résolution est ainsi liée au privilège du vendeur. Cette action continuera donc d'exister, en dehors de toute inscription ou transcription, au regard de l'acheteur ou adjudicataire primitif et de ses créanciers chirographaires.

Pour Troplong (Traité des priv. et hyp. n° 722), l'action en folle enchère s'exerçant contre un tiers détenteur suppose nécessairement l'existence d'un droit de suite. Or le créancier porteur d'un bordereau a bien une action personnelle contre l'adjudicataire, mais il a perdu les droits qu'il possédait directement sur l'immeuble, puisque son inscription est périmée. En conséquence, le créancier pourra seulement demander la résolution de l'adjudication ou poursuivre la saisie immobilière, mais seulement en exerçant les droits de son débiteur conformément à l'article 1166 C. civ.

Pour Mourlon (Traité de la transcr. n° 830), l'action en folle enchère est essentiellement distincte de l'action en résolution. En effet, l'article 779 marque nettement que la première adjudication est maintenue ; l'ancien règlement d'ordre continue à produire ses effets et les bordereaux exécutoires sur le premier prix seront exécutoires sur le second, sauf une modification motivée tout naturellement par la différence de ces deux prix. — Cette adjudication ne saurait donc être considérée comme résolue, au moins au point de vue qui nous occupe. L'article 7 de la loi du 23 mars 1855, qui ne vise que les actions en résolution pour défaut de paiement du prix (art. 1654 C. civ.), ne serait pas applicable dans notre cas. En réalité la folle enchère a pour effet de subroger un nouvel adjudicataire à l'ancien, les obligations de celui-ci subsistant à la charge de celui-là, de telle sorte que la première adjudication est bien plutôt consolidée que résolue. De là il faut conclure que les inscriptions des créanciers colloqués n'ont point besoin d'être renouvelées, car elles ont déjà produit leur effet légal et leur effet est maintenu.

La jurisprudence admet, en général, que le créancier colloqué, dont l'inscription est périmée, conserve néanmoins le droit d'intenter l'action de folle enchère (V. soit dans notre cas, soit dans le cas d'un vendeur dont le privilège n'est pas inscrit, hypothèse régie par les mêmes principes que la nôtre. Besançon 16 décembre 1857. D. P. 59. 2. 148 ; Grenoble 20 juillet 1858. S. 59. 2. 600 ; Bourges 12 janvier 1876. S. 77. 2. 101). Dans une hypothèse qui présente une grande analogie avec la nôtre, celle d'un vendeur qui avait perdu son privilège pour avoir négligé de faire transcrire le jugement d'adjudication, la Cour de Bordeaux, par un arrêt du 2 août 1860 (S. 61. 2. 157) a décidé que ce vendeur pouvait néanmoins poursuivre la revente de l'immeuble sur folle enchère. « Attendu, dit cet arrêt, que ç'est vainement qu'on excipe contre les mineurs X... les dispositions des articles 7 et 11 de la loi du 23 mars 1855 ; qu'il faut remarquer en effet, d'abord, que ces articles créant une déchéance, une exception au droit commun, il ne faut pas les étendre au-delà de leurs termes ; en second lieu, qu'il n'est pas permis, parce qu'il serait bien souvent dangereux, de raisonner sur des analogies qui peuvent être trompeuses ; que les articles dont il s'agit ne parlant nommément, pour le cas qu'ils prévoient, que de la perte de l'action résolutoire qui appartient au vendeur, aux termes de l'article 1654 du Code civil, il n'y a rien à en conclure relativement à la perte de l'action en poursuite de folle enchère, qui non seulement n'est pas nommée dans la loi, mais qui résiste même par des différences essentielles et caractéristiques à l'assimilation ; — qu'en effet, elle peut appartenir à d'autres personnes qu'au vendeur ; qu'elle a des effets essentiellement différents de l'action en résolution, qui fait rentrer l'immeuble dans les mains du vendeur, tandis qu'elle ne fait, elle au contraire, que l'en faire sortir d'une manière plus efficace et plus utile ; que la résolution vient briser un contrat parfait et définitivement formé, tandis que la folle enchère n'est que la mise à exécution de la réserve que se sont faite les vendeurs

dans le cahier des charges ('), que la propriété ne serait définitivement transférée que sous la condition aussi par l'adjudicataire de souffrir cette revente par folle enchère, s'il ne
satisfaisait pas à toutes les clauses de son adjudication ».

Un arrêt de la Cour de Toulouse du 4 mars 1864 (D. 64. 2.
72. S. 64. 2. 104) contient également une décision favorable à
cette doctrine. « Attendu que le droit acquis par l'adjudicataire étant conditionnel, ce caractère l'accompagne lorsqu'il
passe sur la tête des sous-acquéreurs; qu'on ne peut, en effet,
transmettre que le droit qu'on a eu soi-même ; que cette règle
suffit pour assurer aux créanciers le profit de l'adjudication ;
qu'il n'est dès lors pas besoin, l'adjudication s'étant réalisée,
de renouveler une inscription hypothécaire sur l'immeuble
adjugé ; que, d'abord, l'inscription étant destinée à assurer le
droit de suite et à procurer un rang utile dans l'ordre, cette
destination cesse avec l'adjudication et surtout avec la clôture
de l'ordre ; mais que d'ailleurs, les reventes partielles aussi
bien que l'adjudication ne devant produire un effet translatif
de propriété au profit de l'adjudicataire et des sous-acquéreurs qu'à la condition d'acquitter la charge principale de
l'adjudication, qui est le paiement du prix aux créanciers,
tout créancier porteur d'un bordereau de collocation a contre
eux, faute d'avoir acquitté cette charge, une action *in rem
scripta ;* que cette action est fondée sur une obligation personnelle que l'adjudicataire avait contractée et qu'elle réfléchit
contre les sous-acquéreurs qui tiennent leur droit de lui ; que,
dans ce cas, le créancier n'a pas besoin de conserver le sien
par une inscription et que c'est sans fondement qu'on exci-
perait contre lui de la péremption de son inscription hypothécaire ».

---

(1) Cette clause est de style dans les cahiers de charges.

Nous adhérons également à cette opinion. Le but de l'inscription est de procurer au créancier un rang utile dans l'ordre ; ce but étant atteint au moment de la clôture de l'ordre et le même règlement devant être appliqué après la revente, on comprend fort bien que l'inscription n'ait plus besoin d'être renouvelée. Si le créancier colloqué ne pouvait opposer son bordereau aux sous-acquéreurs pour poursuivre la folle enchère, on ne comprendrait pas qu'il eût conservé le droit de se faire payer, au détriment de leurs créanciers personnels, le montant de ce bordereau, dans le cas où un autre créancier colloqué viendrait à exercer cette action. Décider que dans ce dernier cas le créancier colloqué ne pourra pas poursuivre le paiement de son bordereau contre le nouvel adjudicataire, ce serait se mettre en contradiction manifeste avec les termes de l'article 779 C. pr. civ. d'après lequel, à la suite de la revente sur folle enchère, tous les bordereaux, *sans distinction,* délivrés antérieurement, sont, après modification, rendus exécutoires contre cet adjudicataire. Or, si le droit des créanciers colloqués mais dont l'inscription est périmée est opposable aux créanciers inscrits du chef du tiers détenteur ainsi qu'au nouvel adjudicataire lorsqu'il s'agit, la revente opérée, d'obtenir le paiement de leurs collocations, ce même droit sera également opposable à ces créanciers et à leur auteur lorsqu'il s'agit de poursuivre la revente sur folle enchère. De deux choses l'une, en effet : ou bien, faute de renouvellement de l'inscription, le droit hypothécaire du créancier a disparu au regard des sous-acquéreurs et de leurs ayants cause, mais alors l'article 779 devient inexplicable ; ou bien, au cas de folle enchère, ce droit hypothécaire subsiste et il en faut conclure que la revente pourra être poursuivie par ce créancier. En réalité, l'article 779 C. pr. civ. déroge aux règles ordi-

naires concernant la nécessité du renouvellement des privilèges et hypothèques contre les tiers détenteurs.

140. — Nous avons dit qu'il existait sur cette question
une troisième opinion. M. Chauveau (*op. cit.* Question 2404
9° et 2608 4°) n'admet pas que le créancier colloqué dont l'inscription est périmée eût toujours le droit de poursuivre la
folle enchère contre un sous-acquéreur ; il distingue selon que
l'immeuble a été transmis au tiers détenteur à la suite d'une
saisie immobilière poursuivie par un créancier personnel de
l'adjudicataire ou qu'il l'a été par une autre voie. Si la
deuxième adjudication a eu lieu sur saisie immobilière, le
nouvel adjudicataire pourra invoquer l'article 717 C. pr. civ.
pour repousser l'action en folle enchère, car cette action, dit
Chauveau, est une véritable action résolutoire. Si, au contraire, la revente n'a pas eu lieu sur expropriation forcée,
l'article 717 n'étant pas applicable, l'action en folle enchère
pourra être intentée.

La distinction de M. Chauveau repose donc sur une application à notre hypothèse des dispositions de l'article 717 C.
pr. civ. — Mais cet article a pour unique but d'apporter une
exception à la règle de l'article 1654 C. civ. « Le vendeur
non payé, dit fort exactement M. Seligman (*op. cit.* n° 722),
ne peut intenter l'action résolutoire pour rentrer dans la propriété de l'immeuble adjugé après saisie immobilière, tandis
que l'article 738 du Code de procédure a pour but de donner
aux créanciers porteurs de bordereaux un moyen d'exécution
rigoureux contre l'adjudicataire qui ne les paye pas. C'est
une expropriation rapide, sûre et peu coûteuse, que leur
procure la poursuite de la folle enchère, pour obtenir paiement ; mais ce n'est pas l'action résolutoire dont parle l'article
1654 du Code Napoléon, et qui se perd dans le cas prévu par
l'art. 717 du Code de procédure. Si, grâce à cet article 717,

l'adjudicataire qui achète, sous la foi de la justice, est protégé contre le vendeur non payé qui, après avoir été averti, laisse adjuger son immeuble, les créanciers dont les droits ont été examinés et reconnus en justice, sur un immeuble vendu judiciairement, trouvent dans l'art. 733, pour se faire payer, un moyen énergique qui ne peut leur être enlevé. Aussi, faute de paiement, ils peuvent exercer contre l'adjudicataire ou tout détenteur de l'immeuble la poursuite de la folle enchère, nonobstant toute vente volontaire ou forcée qui en aurait transmis la propriété à des tiers. » — D'ailleurs Chauveau, envisageant l'influence de la règle de l'art. 7 de la loi du 23 mars 1855, qui lie le sort de l'action résolutoire à celui du privilège, décide que cet article ne reçoit aucune application dans notre cas, car cet article ne se réfère qu'à l'action résolutoire de l'art. 1654 C. civ. Les deux propositions de Chauveau sont contradictoires ; si l'art. 7 de la loi du 23 mars 1855 se réfère à l'action résolutoire de l'art. 1654 C. civ., il en est absolument de même des articles 692 et 717 du Code de procédure civile ; alors pourquoi appliquer ces derniers articles et non celui-là ?

Toutefois Seligman fait observer avec raison que « si les créanciers porteurs de bordereaux avaient concouru eux-mêmes à l'adjudication sur saisie immobilière, ou avaient été mis en demeure, on pourrait alors y voir une renonciation » au droit de poursuivre le sous-acquéreur par la folle enchère.

141. — La folle enchère n'est pas le seul moyen d'exécution mis par la loi à la disposition des créanciers porteurs de bordereaux de collocation ; nous savons que ceux-ci ont le droit de poursuivre leur paiement sur tous les biens mobiliers et immobiliers de l'acquéreur. Les créanciers pourront-ils mener toutes ces poursuites de front et dans le même temps, — ou bien, au contraire, seront-ils astreints à suivre un certain ordre dans ces poursuites et, la folle enchère étant la voie la moins coûteuse et la plus rapide, devront-ils d'abord intenter cette poursuite ?

L'intérêt de la question est considérable. Si les voies d'exécution ne peuvent être exercées concurremment, l'adjudicataire, dans l'intervalle de temps qui s'écoulera avant la revente, pourra placer ses valeurs personnelles hors des atteintes des créanciers et il ne restera à ces derniers d'autre ressource que de faire, conformément aux dispositions de l'article 1167 C. civ., la preuve difficile de la fraude. Si, au contraire, toutes ces voies peuvent être exercées concurremment, n'est-il pas à craindre qu'une telle rigueur ne soit de nature à provoquer la ruine de débiteurs malheureux et de bonne foi, dont tout le patrimoine pourrait se trouver saisi pour une créance infime ?

Quelques auteurs (notamment Lachaize, Traité de la vente des immeubles par expropriation forcée, 1829, t. II, p. 169) ont soutenu que l'adjudicataire avait le droit de s'opposer aux poursuites dirigées contre lui jusqu'au jugement à intervenir sur la folle enchère. L'article 713 C. pr. civ., qui dispose que l'adjudicataire « sera contraint par la voie de la folle enchère... *sans préjudice des autres voies de droit* », signifierait que, la folle enchère ayant produit un résultat insuffisant, il reste encore aux créanciers la ressource « des autres voies de droit ». Ces auteurs s'appuient encore sur les termes de l'article 2209 C. civ., lequel interdit à des créanciers ayant une hypothèque spéciale sur un immeuble de saisir les autres biens de leur débiteur avant d'avoir discuté cet immeuble même. Les créanciers colloqués ayant également un droit spécial sur l'immeuble dont le prix a été mis en distribution, devront, par analogie, exercer d'abord leurs droits sur cet immeuble au moyen de la folle enchère. Quant aux autres mesures d'exécùtion, elles né seraient que subsidiaires. On cite dans le sens de cette opinion un arrêt de la Cour de cassation, du 20 juillet 1808, rendu par conséquent sous l'empire de la loi de brumaire (S. 1808. 1. 402).

Cette opinion a été repoussée par la grande majorité des auteurs et par la jurisprudence (V. Pigeau *op. cit.* t. ıı, p. 388; Bioche *op. cit.* vᵒ vente sur folle enchère nᵒ 18 ; D. Rép. vᵒ vente publ. d'imm. nᵒ 1838 ; — et pour la jurisprudence : Bourges 18 nov. 1814. J. Av. t. 20, p. 275 et 433, et Riom 23 juin 1821. J. Av. t. 23, p. 225). ·

D'abord c'est un principe certain qu'un créancier peut, en vertu d'un titre authentique et exécutoire, poursuivre simultanément l'exécution de ce titre par toutes les voies de contrainte légales. Bien loin d'apporter une exception à ce principe, l'article 713 C. pr. civ., par ces mots « sans préjudice des autres voies de droit », est venu le confirmer. Si le législateur avait eu l'intention que lui prêtent les partisans de l'opinion contraire, il eût employé d'autres expressions, comme, par exemple : « sauf pour les intéressés, en cas d'insuffisance du prix de la revente sur folle enchère, le droit de poursuivre leur débiteur par toutes les voies ordinaires d'exécution ». — Il est également impossible d'appliquer à notre hypothèse la disposition de l'article 2209 C. civ. Les motifs de cet article sont obscurs. On dit généralement que, dans le cas où un créancier a acquis une hypothèque sur certains biens déterminés, il s'est, par une convention tacite, engagé à ne s'attaquer aux autres biens de son débiteur qu'en cas d'insuffisance des biens hypothéqués. Quoi qu'il en soit, l'art. 2209 C. civ. constitue une exception, assez difficile à justifier, au droit commun d'après lequel tous les biens d'un débiteur répondent de sa dette. Or une exception ne doit pas être étendue d'un cas à un autre par voie d'interprétation analogique. A défaut d'une disposition spéciale de la loi, nous appliquerons donc le droit commun, c'est-à-dire l'article 2092 C. civ., aux termes duquel « quiconque s'est obligé personnellement, est tenu de remplir son engagement sur tous ses biens mobiliers et immobiliers, présents et à venir. » L'adjudicataire est tenu personnellement au regard des créanciers colloqués ; il est, en effet, devenu leur débiteur depuis le jugement d'adjudication sur saisie immobilière ou les notifications afin de purge. Or on n'aperçoit aucun motif juridique pour lui donner une situation meilleure que celle des débiteurs ordinaires.

142. — Cependant, si cet adjudicataire justifiait au moyen de pièces certaines, telles qu'un précédent acte de vente, que la valeur de l'immeuble est de beaucoup supérieure au prix de la première adjudication, les juges pourraient ordonner qu'il sera sursis aux autres poursuites jusqu'au jour du jugement d'adjudication sur folle enchère. — De même encore, l'adjudicataire serait fondé à demander au tribunal que le créancier poursuive son paiement non par la voie coûteuse de la saisie de l'immeuble dont le prix a été mis en distribution, mais par la voie plus rapide et plus économique de la folle enchère. Dans ces hypothèses, en effet, le créancier colloqué est sans intérêt légitime à exiger l'usage absolu de son droit et l'adjudicataire justifie, au contraire, d'un intérêt véritable, puisque cet usage serait abusif et dommageable pour lui.

143. — Le fol enchérisseur peut d'ailleurs arrêter les poursuites de folle enchère. L'article 738 C. pr. civ. indique par quel moyen : « si le fol enchérisseur justifiait de l'acquit des conditions de l'adjudication et de la consignation d'une somme réglée par le président du tribunal pour les frais de folle enchère, il ne serait pas procédé à l'adjudication ». — Ainsi, que le fol enchérisseur paie le montant intégral des bordereaux et que, de plus, il consigne une somme jugée suffisante par le président pour couvrir les frais de la procédure commencée, et l'adjudication n'aura pas lieu. Mais comme le fol enchérisseur est personnellement obligé envers les créanciers colloqués et ne peut être dès lors assimilé à un simple tiers détenteur, il lui serait impossible d'éviter les poursuites en délaissant l'immeuble (art. 2175 C. civ.). Il ne peut même pas demander la remise de l'adjudication ; ce droit n'appartient qu'au poursuivant (art. 737 C. pr. civ.).

2° De l'exécution des bordereaux après une revente sur folle enchère.

144. — Lorsque la revente sur folle enchère intervient après la clôture de l'ordre et la délivrance des bordereaux, « le juge modifie l'état de collocation suivant les résultats de l'adjudication, et rend les bordereaux exécutoires contre le nouvel adjudicataire » (art. 779 C. pr. civ.).

Ainsi les anciens bordereaux subsistent et rien n'est changé dans l'ancien règlement d'ordre ; seulement un nouvel adjudicataire est subrogé à l'ancien jusqu'à concurrence de son prix d'acquisition.

145. — Le prix produit par la deuxième adjudication pouvant être différent du premier, le juge est amené à modifier le règlement ainsi que les bordereaux, afin de les rendre applicables au nouveau prix. Il nous faut voir dans quelles conditions s'effectuent ces modifications.

146. — Le juge compétent à cet effet est, en principe, le juge même qui a dressé le règlement de l'ordre, car il s'agit d'une simple rectification matérielle. Si ce juge était décédé ou empêché par quelque cause légitime, il y aurait lieu de faire commettre un nouveau juge, conformément aux prescriptions de l'article 749 C. pr. civ.

147. — A ce principe on a tenté d'apporter quelques exceptions. D'abord, la poursuite d'un ordre étant une action réelle, si plusieurs immeubles ont été adjugés à différents adjudicataires, la jurisprudence décide que l'ordre peut être réglé au tribunal du chef-lieu de l'exploitation ; mais, si la revente d'une seule parcelle venait à être ensuite poursuivie par la voie de la folle enchère, c'est le juge de la situation de cette parcelle qui serait seul compétent. — En présence des termes formels de l'article 59 C. pr. civ., tout en regrettant que la pratique qui consiste à faire régler des ordres différents par un même tribunal ne soit pas législativement consacrée, il faut déclarer que, toutes les fois qu'il y a un immeuble distinct dans un arrondissement, le tribunal de cet arrondissement est seul compétent et qu'il faut saisir autant de tribunaux qu'il y a de parcelles diverses (¹).

148. — On a soutenu également, en se basant sur la théorie qui donne au règlement amiable un caractère consensuel, que les parties étaient maîtresses de se concilier devant un magistrat incompétent ; mais lorsqu'il s'agirait de modifier le règlement par suite de la revente sur folle enchère, on ne pourrait plus déclarer ce juge compétent, et force serait de faire commettre à cet effet le juge de la situation. — Nous croyons que l'ordre amiable ne doit son autorité qu'à la présence d'un magistrat compétent et nous avons démontré précédemment (V. *suprà*, ch. III, n° 112) que la mission de ce

---

(1) Toutefois, si les parties convenaient que les différents ordres ouverts sur un même débiteur seront portés au même tribunal, encore qu'il s'agisse d'immeubles situés dans des arrondissements différents, comme la compétence *ratione personæ* n'est pas d'ordre public, qu'elle n'est instituée que dans l'intérêt des parties, le règlement intervenu serait valable, et la conséquence signalée plus haut serait exacte. Seulement il faut pour cela une volonté certaine des parties, une simple présomption ne suffirait pas (V. Paris 21 mai 1826. S. 28. 2. 127). En principe, il y aurait lieu à une déclaration de jonction signée de toutes les parties.

magistrat n'était pas uniquement d'amener les parties à se concilier. En conséquence, le règlement d'ordre amiable, dressé par un magistrat incompétent serait, en principe, nul et de nul effet. Mais il faut distinguer entre l'incompétence *ratione materiæ*, laquelle ne peut se couvrir, et l'incompétence *ratione personæ*, qui peut être couverte par la ratification expresse ou tacite des parties. Dans ce dernier cas, si cette ratification est intervenue, elle n'a pu valider que la procédure relative au règlement déjà clos, mais non les modifications qui devaient y être apportées dans la suite ; en conséquence, ces modifications devront être opérées par le juge compétent.

149. — On s'est demandé si, avant de procéder à la modification du règlement de l'ordre et des bordereaux, le juge ne devait pas attendre que le nouveau jugement d'adjudication sur folle enchère ait été transcrit.

Quelques auteurs (notamment Seligman *op. cit.* n° 704 ; Merger Pand. Franç. v° Adj. imm. n° 3835) se sont nettement prononcés pour la négative. Le nouvel acquéreur possède un immeuble déjà purgé, par suite des formalités de l'ordre, des inscriptions qui le grevaient, sauf toutefois l'effet de ces inscriptions sur le prix ; et il ne saurait être question de purger les hypothèques consenties, dans le temps écoulé entre les deux adjudications, par le fol enchérisseur, puisque la revente a rétroactivement effacé tous les droits que ce dernier avait antérieurement acquis sur l'immeuble. L'article 779 C. pr. civ. implique que la première adjudication subsiste néanmoins et que le deuxième adjudicataire est substitué au premier ; donc il n'y a pas mutation de propriété et par conséquent une transcription n'est pas nécessaire, il suffira de la mention du jugement d'adjudication sur folle enchère en marge de la précédente transcription. Enfin, la loi n'ayant pas fixé de délai, il serait arbitraire d'appliquer celui de l'article 750 C. pr. civ.; et, si on le décide ainsi, qui ne voit que l'adjudicataire de mauvaise foi pourra retarder à son gré le paiement des bordereaux ?

Cette opinion ne nous paraît pas exacte. En décidant que la première adjudication est effacée au regard de l'acquéreur évincé et de ses ayants cause, ses partisans établissent eux-mêmes que la folle enchère opère une véritable mutation de propriété. Sans doute on ne pourra tirer de cette mutation toutes les conséquences qu'une mutation entraîne d'ordinaire, mais cela tient uniquement au but que le législateur a eu en vue dans l'article 779 et qui consistait à procurer aux intéressés le paiement de leurs bordereaux par une procédure rapide et économique.

On dit encore que la transcription est destinée à arrêter le cours des inscriptions et à opérer la purge de l'immeuble ; que cette purge étant déjà opérée par le premier règlement, qui est maintenu, la formalité de la transcription n'a plus de raison d'être. On oublie que la transcription est utile à un autre point de vue : elle sert à faire connaître aux tiers intéressés l'état actuel de la propriété. Et puis, comment le juge ordonnerait-il la radiation de l'inscription d'office si la transcription n'était pas opérée ?

On objecte encore que la loi n'ayant fixé aucun délai pour opérer la transcription, l'adjudicataire sur folle enchère pourra puiser, dans cette lacune de la loi, un motif de retards calculés. Mais l'adjudicataire n'est pas le seul qui puisse faire opérer cette transcription : le saisi ou vendeur primitif, le fol enchérisseur et leurs ayants-cause peuvent la requérir.

150. — La loi est également muette en ce qui concerne la procédure à suivre pour parvenir à la modification du règlement antérieur. Il nous faut donc suppléer à son silence,

Tout d'abord le juge pourrait-il opérer cette modification de sa propre initiative, en dehors de toute réquisition de la part des intéressés ? Nous le pensons, car la loi n'a pas limité les pouvoirs du juge (V. en ce sens Houyvet, *op. cit.*, n° 551).

Mais généralement c'est par une réquisition que le juge sera saisi. A cet effet le poursuivant ou, à son défaut, la partie la plus diligente consigne à la suite du procès-verbal d'ordre un dire dans lequel il est demandé au juge de modifier son ordonnance de clôture d'après la situation nouvelle créée par le jugement d'adjudication sur folle enchère dont on indique la date, et de rendre les bordereaux exécutoires contre le nouvel adjudicataire. Il n'est pas nécessaire de signifier au juge le jugement d'adjudication sur folle enchère, car la minute en est déposée au greffe et le juge pourra facilement se la faire remettre.

Les créanciers colloqués et non payés devront déposer leurs bordereaux entre les mains du greffier afin que celui-ci leur fasse subir les modifications indiquées par le juge et les rende exécutoires contre le nouvel adjudicataire. A défaut par eux de ce faire, ils y sont invités par lettres recommandées adressées par le greffier.

Le juge procède ensuite au règlement additionnel modificatif et nous verrons, en étudiant les effets de la folle enchère sur les droits des créanciers colloqués, quelles sont les règles que le juge devra observer.

151. — Le règlement modificatif achevé, on s'est demandé si, conformément aux prescriptions de l'article 767, C. pr. civ., il était nécessaire de le dénoncer aux créanciers ainsi qu'au nouvel adjudicataire. Seligman (*op. cit.*, n° 715) estime que cette dénonciation n'est pas nécessaire, parce que, le règlement définitif ayant déjà entre les parties l'autorité de de la chose jugée, une opposition n'est plus possible de leur part. D'ailleurs le rang des créanciers et le montant de leurs créances étant fixé, tout ce que l'on peut craindre c'est une erreur matérielle sur le prix de la nouvelle adjudication et les calculs à établir; mais le juge pourra toujours rectifier cette erreur.

Cette opinion est en partie exacte, en partie inexacte. Elle est exacte en ce sens que, pour les raisons exposées par Seligman, la dénonciation du règlement modificatif aux créanciers colloqués serait inutile et frustratoire. — Elle est inexacte en ce sens que le règlement doit être dénoncé au nouvel adjudicataire afin de faire courir à son égard les délais de l'opposition qu'il pourra former dans la huitaine. En effet le nouvel adjudicataire doit être mis en mesure de vérifier le règlement. On ne saurait lui opposer l'autorité de la chose jugée qui appartient au précédent règlement, puisqu'il n'y a pas été partie. Son opposition pourra être basée soit sur une erreur matérielle, soit sur une fausse application de décisions judiciaires intervenues. Toutefois cette dénonciation n'aurait pas lieu s'il s'agissait d'une modification apportée à un règlement d'ordre amiable, car l'article 767, C. pr. civ. est spécial à l'ordre judiciaire.

152. — En conséquence des modifications subies par les collocations, le juge rend les bordereaux exécutoires contre le nouvel adjudicataire jusqu'à concurrence de son prix. Il n'y a pas à délivrer de nouveaux bordereaux. Si le montant du bordereau est diminué, on marque que son exécution ne peut être poursuivie contre le nouvel adjudicataire que jusqu'à concurrence de la somme fixée par le règlement modificatif. Si le créancier ne vient plus en ordre utile, son bordereau lui est remis sans rectification. Si, au contraire, l'adjudication sur folle enchère a produit un prix plus élevé que la première adjudication, certains créanciers qui ne venaient pas

en ordre utile obtiendront un bordereau de collocation d'après
le rang qu'ils avaient dans le règlement provisoire devenu
inattaquable à défaut de contredit dans les trente jours de la
dénonciation qui en a été faite conformément à l'article 755,
C. pr. civ. Enfin, au cas où la somme à distribuer par le règlement modificatif viendrait à dépasser le total des créances
colloquées au règlement provisoire, un bordereau devrait être
remis au saisi ou vendeur primitif, à moins que ses créanciers chirographaires n'aient formé opposition au paiement de
ce reliquat.

§ 2. — Effets de la folle enchère sur les droits des créanciers porteurs des bordereaux.

153. — Le seul texte que le législateur de 1841 ait consacré aux effets de la folle enchère est l'article 740, C. pr.
civ., qui dispose que « le fol enchérisseur est tenu par
corps (¹) de la différence entre son prix et celui de la revente
sur folle enchère, sans pouvoir réclamer l'excédant, s'il y en
a : cet excédant sera payé aux créanciers, ou, si les créanciers sont désintéressés, à la partie saisie. »

Le fol enchérisseur reste tenu, d'après cet article, de la
différence des prix. En effet on ne concevrait pas que la folle
enchère eût pour effet de le libérer de ses obligations lorsqu'elles demeurent inexécutées. Mais à quel titre cette différence est-elle mise à la charge du fol enchérisseur ? Est-ce
à *titre de prix d'adjudication* ? Est-ce à *titre de dommages-
intérêts* ?

---

(1) La contrainte par corps ayant été abolie par la loi du 22 juillet 1867 (art. 1)
en matière civile, commerciale et contre les étrangers, cette sanction ne peut plus
être appliquée.

154. — La solution de cette question offre pour nous un très grand intérêt. Si l'on décide, en effet, que le fol enchérisseur demeure soumis aux conséquences de l'adjudication, il faudra décider que, si le deuxième adjudicataire ne s'acquitte pas de son prix, les créanciers pourront recourir contre le fol enchérisseur pour le montant intégral du prix de la première adjudication et que la différence des deux prix, soit en plus, soit en moins, revient aux créanciers colloqués et, seulement à leur défaut, au saisi et à ses créanciers chirographaires. Si, au contraire, on considère que l'obligation du fol enchérisseur n'est qu'une dette de dommages-intérêts, il faudra décider que le fol enchérisseur est entièrement et définitivement libéré si la deuxième adjudication est faite pour un prix supérieur à la première, qu'il ne devra jamais que la différence en moins, et que la différence des deux prix forme le gage commun de tous les créanciers du saisi sans distinction et devra être répartie entre eux au moyen d'une contribution.

155. — L'opinion d'après laquelle l'obligation du fol enchérisseur a son fondement dans le préjudice qu'il a causé par sa témérité, a été brillamment soutenue par M. Chauveau (*op. cit.*, Question 2432 9°). La folle enchère anéantit la première adjudication et le fol enchérisseur est censé n'avoir jamais été propriétaire. Sans doute, il doit réparation du préjudice causé par lui, et, en législation, comme ce préjudice atteint directement les créanciers inscrits et surtout colloqués, il serait bon de leur attribuer exclusivement le bénéfice de ces dommages-intérêts, évalués par la loi à la différence des deux prix. Mais, en l'absence d'un texte, les créanciers inscrits ou colloqués n'ont contre le fol enchérisseur qu'une action personnelle au même titre que tous les ayants-cause du saisi ou vendeur primitif. S'ils veulent garder leur droit de préférence contre l'adjudicataire, il faut qu'ils le poursuivent par la voie de la saisie immobilière, par l'action oblique de l'article 1166, C. civ.

156. — L'opinion contraire a cependant prévalu en jurisprudence et, selon nous, avec raison (V. Grenoble, 2 mai 1851. S. 51. 2. 603 ; Paris, 17 juillet 1872. S. 72. 2. 123, D. P. 78. 2. 81 et surtout Cass., 24 juin 1846. D. P. 46. 1. 181 avec les remarquables conclusions de l'avocat général Delangle). Le fol enchérisseur reste tenu de son prix tant qu'un adjudicataire solvable n'a point satisfait à ses engagements, car jusque-là il ne s'est pas libéré et la témérité d'un second adjudicataire ne saurait lui créer un avantage. Les mots « prix de la vente » que le législateur emploie dans l'article 740, C. pr. civ. marquent nettement que la dette de l'adjudicataire primitif ne change pas de caractère, et que c'est bien d'un « prix », non de dommages-intérêts, qu'il est tenu. D'ailleurs, même s'il s'agissait de dommages-intérêts, le préjudice étant souffert par les seuls créanciers inscrits ou colloqués, c'est à eux que la réparation en est due. Enfin l'article 779, C. pr. civ. implique le maintien de l'ordre et de la force exécutoire des bordereaux, résultat qui ne pourrait se concevoir si la somme due par le fol enchérisseur devait faire l'objet d'une distribution par contribution.

157. — Il nous faut maintenant examiner les deux hypothèses prévues par l'article 740, C. pr. civ., selon que le prix de la revente a été *supérieur* ou *inférieur* à celui de la première adjudication.

a) LE PRIX DE LA REVENTE EST SUPÉRIEUR AU PRIX DE LA PREMIÈRE ADJUDICATION

158. — L'art. 740, C. pr. civ. prive, à titre de peine, le fol enchérisseur de tout droit sur l'excédant, s'il y en a.

Mais il se peut que le deuxième adjudicataire ne tienne pas mieux ses engagements que le premier et l'on conçoit que plusieurs reventes sur folle enchère aient lieu successivement. Les créanciers colloqués auront le droit, d'après l'opinion de la jurisprudence à laquelle nous adhérons, de poursuivre le paiement de leurs bordereaux sur le fol enchérisseur tant que les adjudicataires successifs ne les auront pas désintéressés, le fol enchérisseur demeurant tenu jusqu'à ce moment de verser l'intégralité de son prix. M. Chauveau (*op. cit.*, Question 2432 *quinquies*) décide, en sens contraire, que c'est de la seule revente primitive sur folle enchère que le fol enchérisseur est tenu.

159. — L'excédant du prix de la revente sur celui de la première adjudication reviendra, selon nous, aux créanciers colloqués exclusivement et aux créanciers inscrits. En conséquence l'ancien règlement sera appliqué jusqu'à concurrence du prix primitif et, pour le surplus, il y aura lieu à un règlement additionnel et non pas à un nouvel ordre comme le décide Chauveau. Les rangs des créanciers à colloquer dans ce règlement et le montant des sommes qui leur sont dues sont dès maintenant établis, car le règlement provisoire est devenu inattaquable par l'expiration des délais fixés par la loi pour contredire. Ces créanciers n'avaient été écartés du règlement primitif qu'à cause de l'insuffisance des fonds ; mais l'ancien règlement d'ordre conserve toute sa force et si une somme nouvelle vient à permettre de les colloquer efficacement, leurs collocations devront être établies conformément au règlement provisoire.

b) LE PRIX DE LA REVENTE EST INFÉRIEUR AU PRIX DE LA PREMIÈRE ADJUDICATION

160. — La différence en moins est due par le fol enchérisseur. Nous savons que les uns, tenant cette différence pour

due à titre de dommages-intérêts, décident qu'elle profite à
tous les créanciers indistinctement, tandis que les autres, la
regardant comme due à titre de complément du prix fixé par
la deuxième adjudication, décident qu'elle appartient aux
seuls créanciers colloqués. Quoi qu'il en soit, le juge ne rendra
exécutoire contre le nouvel adjudicataire que les bordereaux
qui peuvent être payés par lui et ordonnera la radiation des
inscriptions appartenant aux créanciers qui ne seraient pas
utilement colloqués sur cet adjudicataire, car c'est un droit
pour ce dernier, lorsqu'il aura versé l'intégralité de son prix
aux créanciers colloqués, de posséder un immeuble complètement affranchi des charges hypothécaires qui le grevaient.

Le juge n'a point à établir un nouvel état de collocation ; il
doit seulement changer la somme à distribuer. Le montant de
cette somme comprend le prix de la revente sur folle enchère
ainsi que les intérêts à la charge du nouvel adjudicataire.

161. — Le calcul de ces intérêts a donné naissance à
deux questions importantes, car le capital à distribuer est
souvent considérable et il s'écoule parfois un temps fort long
entre les deux adjudications ; on s'est demandé d'abord à la
charge de qui il convenait de mettre ces intérêts ; et, ensuite,
si les créanciers devaient être colloqués dans le règlement
modificatif pour les intérêts courus depuis la clôture jusqu'au
moment de la revente sur folle enchère.

162. — D'abord *qui doit ces intérêts ?* En principe ce ne
peut être le nouvel adjudicataire puisqu'il n'a pas eu la jouissance de l'immeuble dans le temps intermédiaire. Le fol enchérisseur, tenu de son prix et qui a eu cette jouissance,
devra non pas les fruits de l'immeuble, mais les intérêts de
ce prix (Cass., 24 juin 1846. D. P. 46. 1. 257 ; Alger, 4 novembre 1852. D. P. 56. 2. 18 ; Bourges, 25 mars 1872. D. P.

73. 2. 151). Et, comme la jouissance du fol enchérisseur a commencé du jour de l'adjudication primitive, c'est de ce jour qu'il devra les intérêts, à moins qu'il n'en ait été autrement disposé par le cahier des charges qui a précédé la première adjudication. Ainsi le montant de la somme à distribuer par le règlement modificatif, ne comprendra pas les intérêts courus dans l'intervalle des deux adjudications.

Mais il arrive parfois que le cahier des charges de l'adjudition sur folle enchère porte que l'adjudicataire sera tenu au paiement des intérêts de son prix à partir de la première adjudication, sauf son recours contre le fol enchérisseur pour en obtenir le remboursement. Une telle clause est licite et sera en conséquence exécutée contre le nouvel adjudicataire (Cass., 12 novembre 1838. S. 39. 1. 200). Dans ce cas, la somme à distribuer comprendra le total des intérêts courus entre les deux adjudications.

163. — Les créanciers devront-ils être colloqués *pour les intérêts courus depuis la clôture de l'ordre primitif?* Quelques auteurs (notamment Chauveau, *op. cit.*, Question 2596 5° *bis* ; Grosse et Rameau, *op. cit.*, t. II, p. 269 et 271) soutiennent l'affirmative. Si les créanciers colloqués avaient poursuivi leur paiement au moyen de la saisie immobilière, ils auraient eu droit aux intérêts courus depuis la clôture de l'ordre ; pourquoi en serait-il autrement en matière de folle enchère ? Il ne s'agit point d'opérer un changement au règlement primitif : la liquidation des intérêts avait été faite jusqu'à cette époque, il convient maintenant de continuer cette liquidation jusqu'au jour du règlement modificatif. On fait remarquer, en outre, que la jurisprudence validant la clause du cahier des charges qui met les intérêts courus depuis la première adjudication à la charge du nouvel adjudicataire, permet ainsi indirectement ce qu'elle prohibe directement.

La jurisprudence s'est décidée en sens contraire (V, Cass., 22 janvier 1840. S. 40. 1. 275 ; Douai, 10 juin 1843 ; Agen, 9 août 1843. S. 44. 2. 18 et 20. V. également Aubry et Rau, *op. cit.*, t. III, § 285, p. 425, texte et note 6 et Pont, *op. cit.*, n° 1021). Rien ne doit être changé au règlement primitif ; les droits des créanciers colloqués y sont définitivement fixés. A partir de ce règlement les intérêts ont cessé de courir contre le saisi (art. 765, C. pr. civ.) ou précédent vendeur. Colloquer sur le montant des sommes à distribuer par le règlement modificatif pour les intérêts courus entre les deux adjudications les premiers créanciers colloqués au détriment des créanciers postérieurs, ce serait enlever à ces derniers une partie des sommes sur lesquelles ils ont un droit acquis et, au cas où la première adjudication aurait eu lieu sur saisie, rendre le saisi responsable d'un adjudicataire qu'il n'a pas choisi. Enfin il n'est pas juste de soutenir que la jurisprudence autorise indirectement, au moyen de la clause qui met les intérêts courus dans l'intervalle des deux adjudications à la charge du nouvel adjudicataire, ce qu'elle refuse directement, car le nouvel adjudicataire conserve son recours contre le fol enchérisseur pour le montant de ces intérêts.

Nous estimons que la jurisprudence est bien fondée à décider que les créanciers premiers en rang ne peuvent, au préjudice des derniers, réclamer collocation dans le règlement rectificatif pour les intérêts courus depuis la clôture de l'ordre primitif et qu'ils ne jouissent pour le paiement de ces intérêts que d'un recours personnel contre le fol enchérisseur,

164. — Du montant des sommes à colloquer dans l'ordre rectificatif, le juge devra *déduire certains frais* et en *colloquer certains autres*.

On admet en général que les frais de la première vente, étant des frais nécessaires, doivent être supportés par le nouvel adjudicataire, parce qu'ils ont une cause légale et sont antérieurs à la faute du fol enchérisseur. Le juge n'aura donc de ce chef aucune modification à faire subir au règlement primitif.

Quant aux frais postérieurs à la première adjudication, on distingue selon qu'ils ont été faits uniquement dans l'intérêt du fol enchérisseur (comme, par exemple, les frais d'une déclaration de command, d'une signification au saisi afin de délaissement de l'immeuble), auquel cas le fol enchérisseur devra les supporter, — ou qu'ils ont, au contraire, un caractère de nécessité de telle sorte que le deuxième adjudicataire les eût exposés comme le premier, auquel cas le nouvel adjudicataire devra les supporter. Ces derniers frais comprennent notamment les droits d'enregistrement que le fol enchérisseur a dû payer, mais seulement la portion de ces frais correspondante au prix de la seconde adjudication.

Toutefois, pour éviter des recours difficiles, les cahiers de charges contiennent très généralement (à Paris toujours) une clause ainsi conçue : « Dans aucun cas le fol enchérisseur ne pourra répéter soit contre le nouvel adjudicataire, soit contre les parties saisies, auxquelles ils demeureront acquis à titre de dommages-intérêts, les frais de poursuite de vente, ni ceux d'enregistrement, de greffe et d'hypothèque qu'il aurait payés et qui profiteront au nouvel adjudicataire. »

Quant aux frais relatifs à la procédure suivie pour parvenir à la revente sur folle enchère, ces frais ayant leur cause dans la faute du fol enchérisseur, devront être supportés par ce dernier ; et si le nouvel adjudicataire en fait l'avance, il aura un recours contre lui.

Ainsi, le nouvel adjudicataire n'a en principe à supporter que les frais d'enregistrement, de greffe, etc. relatifs à la deuxième adjudication. Si ces frais avaient été antérieurement acquittés par le fol enchérisseur, comme le nouvel adjudicataire lui en doit le remboursement, le montant de ces frais devrait être mis en distribution.

D'un autre côté, les frais relatifs au règlement modificatif devront être colloqués par privilège, car ils sont nécessités par l'intérêt commun des créanciers, et le juge devra ajouter à chaque collocation le montant des frais nécessités pour la modification du bordereau.

165. — C'est une question très intéressante que celle de savoir quels sont *les droits du fol enchérisseur lorsqu'il se trouve être lui-même porteur d'un bordereau de collocation.* Deux hypothèses, en effet, peuvent se présenter où le fol enchérisseur aura à faire valoir des droits dans le règlement modificatif : tantôt il sera lui-même créancier inscrit sur l'immeuble dont le prix a été mis en distribution, tantôt il aura payé un créancier colloqué auquel il se trouvera subrogé aux termes de l'article 1251 2° C. civ.

On a longuement discuté cette question. Troplong d'une part (V. son rapport sous Civ. Cass. 24 juin 1846. S. 47. 1. 563), Delangle d'autre part (V. son rapport sous Cass. 24 février 1846. D. P. 46. 1. 181) ont brillamment soutenu ces deux thèses contraires, l'un que la folle enchère constituait une condition suspensive, l'autre une condition résolutoire de l'adjudication primitive. De là le premier tirait cette conclusion que la compensation n'avait pas pu s'établir entre la créance et la dette du fol enchérisseur, car, la condition du paiement étant suspensive, la première adjudication est censée n'avoir jamais existé et le fol enchérisseur doit avoir les mêmes droits qu'il aurait eus si l'ordre s'était ouvert immédiatement sur le deuxième adjudicataire. Le deuxième déduisait, au rebours, de son principe contraire, cette conséquence que, la résolution affectant l'exécution de la première adjudication mais non son existence, le fol enchérisseur demeurait débiteur du prix après avoir cessé d'être propriétaire et que « l'on ne saurait dire que l'événement de la folle enchère, en effaçant en lui la qualité de propriétaire, ait détruit les effets irrévocables qu'avait produits la confusion résultant de la réunion en sa personne, par suite des paiements avec subrogation par lui faits, des qualités de débiteur et de créancier. »

La solution de cette question ne saurait dépendre, croyons-nous, du caractère de condition suspensive ou de condition résolutoire attaché au paiement du prix, car il n'y a qu'une seule condition qui tantôt suspend l'existence d'une obligation, tantôt sa résolution. L'obligation sous condition résolutoire est une obligation pure et simple résoluble sous condition : *pura obligatio quæ sub conditione resolvitur.* Or l'obligation primitive une fois résolue est nulle et de nul effet, et toute la question est de savoir si néanmoins il faut maintenir la confusion ou compensation qui, *medio intervallo,* aurait pu se produire dans la personne du fol enchérisseur.

D'abord il ne peut être ici question d'une confusion, car la confusion à vraiment parler n'éteint pas le droit, elle en empêche seulement l'exercice. C'est ce que dit expressément la l. 71. Dig. De fid. et mandat. liv. XLV, tit. 1 : « *Confusio potius eximit personam ab obligatione quam extinguit obligationem* ». En conséquence, si la cause qui a produit la confusion vient à disparaître, la créance revit avec tous ses accessoires.

Peut-on soutenir, du moins, que la créance est éteinte par compensation? Troplong soutient que la compensation ne peut être opposée au fol enchérisseur, parce que la créance du fol enchérisseur ne serait ni liquide ni exigible. Cet argument est discutable lorsqu'il s'agit d'un ordre en cours au moment de la revente sur folle enchère, mais il serait sûrement faux dans notre cas, c'est-à-dire lorsque les bordereaux ont déjà été délivrés, car en principe le paiement de ces bordereaux est immédiatement exigible.

La compensation a son fondement dans l'équité, car il n'est pas juste que, deux personnes étant réciproquement créancières et débitrices, l'une d'elles soit forcée de payer ce que l'autre lui doit et de courir ensuite les risques de l'insolvabilité de celle-ci. Comme le dit la loi 3 Dig. De compens XVI. 2. « *Interest nostra potius non solvere quam solutum repetere* ». La compensation est donc un paiement *brevi manu*. Mais alors, comment admettre que ce paiement puisse être opéré par le fol enchérisseur entre ses mains, alors qu'il n'a point payé les autres créanciers colloqués dont quelques-uns peut-être lui étaient préférables ? Cela serait contraire à l'équité, qui est la raison d'être de la compensation.

D'ailleurs la première adjudication, après qu'elle a été anéantie (que le paiement du prix soit une condition résolutoire ou une condition suspensive de la validité de la première adjudication, peu importe) est en principe censée n'avoir jamais existé. On ne comprendrait donc pas que les effets d'une compensation alors opérée fussent maintenus. Sans doute la première adjudication ne disparaît pas tout entière ; elle subsiste en ce qui concerne certaines obligations du fol enchérisseur, notamment l'obligation de payer le prix. Mais c'est là une peine infligée à ce dernier, et les peines ne doivent pas être étendues d'un cas à un autre.

Priver le fol enchérisseur de ses droits dans la deuxième adjudication, c'est, en outre, créer un privilège en faveur du saisi ou vendeur primitif et de ses ayants droit. Or pour créer un privilège, il faut un texte qui dans notre hypothèse n'existe pas (V. en sens contraire Cass. 13 mai 1833. S. 33. 1. 668, et Alger 4 novembre 1852. S'. 53. 2. 510).

Enfin, dans le cas spécial de subrogation, on prétend dans le système contraire, que la subrogation a tantôt l'effet d'un paiement, tantôt celui d'une cession de créance. Cette question ne présente, selon nous, aucun intérêt, car dans les deux cas la créance subsiste.

Le fol enchérisseur porteur d'un bordereau de collocation aura donc le droit de faire modifier ce bordereau après la revente. Le seul droit des créanciers colloqués serait de former opposition au paiement de ce bordereau pour le paiement des sommes qui peuvent leur être dues par le fol enchérisseur ; mais sur le montant de ce bordereau ils devront subir le concours des créanciers personnels de ce dernier. Nous n'admettrons donc pas avec la Cour de cassation (Cass. 28 janvier 1878. S. 79. 1. 75) que les créanciers colloqués aient le droit de requérir l'imputation sur le montant de la collocation de la différence des prix des deux adjudications.

166. — On s'est posé la question de savoir si le sous-ordre ne conférait pas aux créanciers du fol enchérisseur un droit spécial et direct sur le montant de la collocation obtenu par eux dans ce sous-ordre, en sorte qu'on ne pourrait leur opposer les fins de non recevoir opposables à leur auteur. — Pour soutenir cette opinion, on dit que le règlement définitif a l'autorité de la chose jugée et que les collocations en sous-ordre doivent être respectées comme les autres par le règlement modificatif.

Il n'en est rien : les créanciers colloqués en sous-ordre n'exercent pas un droit propre, mais le droit de leur débiteur, conformément à l'article 1166 C. civ. et par conséquent le sort des collocations en sous-ordre dépend du sort de la collocation principale à laquelle elles se rattachent (V. Cass. 28 janvier 1878 cassant un arrêt de la Cour de Chambéry dans S. 79. 1. 75).

167. — La plupart des auteurs admettent que la revente sur folle enchère est possible après une première adjudication sur licitation, non seulement lorsque cette adjudication a été prononcée en faveur d'un étranger, mais encore lorsqu'elle l'a été en faveur d'un colicitant. Dans ce dernier cas, une difficulté peut naître du conflit des articles 883 C. civ. et 779 C. pr. civ. D'après l'article 883 C. civ., le colicitant adjudicataire est censé avoir immédiatement succédé au défunt dans la propriété de l'immeuble à lui échu sur licitation et, en conséquence, les droits réels consentis antérieurement par ses cohéritiers sont atteints de nullité. Dans l'ordre ouvert à la suite de cette licitation, les seuls créanciers inscrits du chef du colicitant adjudicataire ou de son auteur devront donc être colloqués. Supposons maintenant que, le colicitant n'acquittant pas le montant des bordereaux, l'immeuble soit revendu sur folle enchère à un étranger. Comme la folle enchère a pour effet d'anéantir la première adjudication, les droits réels consentis auparavant par les colicitants revivent. Mais alors, comment appliquer l'article 779 C. pr. civ. et maintenir l'ancien règlement d'ordre ?

Selon nous, l'article 779 C. pr. civ. est inapplicable dans cette hypothèse, car on ne saurait opposer le règlement de l'ordre aux créanciers inscrits du chef des colicitants, puisqu'ils n'y ont pas été parties. Il faudra donc procéder à un nouvel ordre.

CHAPITRE V

Recours appartenant à l'adjudicataire et aux créanciers

168. — Le paiement des bordereaux de collocation par l'acquéreur, de même que son refus de payer certains créanciers colloqués ou non, peuvent donner lieu à des recours entre les parties intéressées. Tantôt, en effet, l'adjudicataire prétendra avoir versé des sommes qu'il ne devait pas payer, tantôt certains créanciers réclameront le montant d'une collocation à laquelle ils prétendront avoir droit.

Mais comme le prix cesse en principe d'être dû par le débiteur directement, après que l'ordre est achevé, et comme le règlement définitif auquel il a été partie a acquis à son égard l'autorité de la chose jugée, ce débiteur est sans intérêt et sans droit pour contester les créances colloquées et leur rang. On ne conçoit donc pas, sauf au cas où il serait contraint de payer par suite de l'insolvabilité de l'adjudicataire (¹), que ce débiteur primitif puisse jamais exercer un recours quelconque. Au contraire l'adjudicataire et les créanciers colloqués auront parfois ce droit à son égard, car il est tenu de garantir le premier et il demeure jusqu'à complet paiement le débiteur des créanciers colloqués.

169. — Nous diviserons ce chapitre en deux sections où nous examinerons les recours qui appartiennent *à l'adjudicataire* et ceux qui appartiennent *aux créanciers*.

---

(1) Le débiteur primitif aurait alors un recours contre l'adjudicataire.

SECTION I

Recours qui appartiennent à l'adjudicataire.

170. — Ces recours peuvent être de deux sortes. Tantôt, en effet, l'adjudicataire, *évincé de tout ou partie de l'immeuble adjugé*, intentera une *action en garantie*, tantôt, se prévalant de ce qu'il a payé par erreur et sans cause, il poursuivra *la répétition de l'indu*.

Ces deux actions sont très différentes.

171. — Par l'action en garantie, l'adjudicataire réclame : « 1° la restitution du prix ; — 2° celle des fruits lorsqu'il est obligé de les rendre au propriétaire qui l'évince ; — 3° les frais faits sur la demande en garantie de l'acheteur, et ceux faits par le demandeur originaire ; — 4° les dommages-intérêts ainsi que les frais et loyaux coûts du contrat » (art. 1630 C. civ.). Ainsi l'obligation de garantie comprend non seulement la restitution du prix, mais encore la réparation du dommage que l'inexécution du contrat peut, en outre, avoir causé à l'adjudicataire. Ces dommages-intérêts sont toujours dus, à moins d'une stipulation de non garantie (art. 1629 C. civ.) ; mais, dans ce cas, l'acquéreur a néanmoins droit à la restitution du prix. Il ne perdrait ce droit que si, l'acte contenant une clause de non garantie, il était établi qu'il avait connaissance, lors de la vente, du danger d'éviction, ou encore s'il avait acquis l'immeuble à ses risques et périls. Mais ce sont là des clauses exceptionnelles. En règle générale, l'acquéreur a droit non seulement au prix de son immeuble, encore que la valeur de l'immeuble ait diminué depuis la vente, mais à des dommages-intérêts. Ces dommages-intérêts comprennent : 1° *les fruits par lui perçus et qu'il a dû rendre au propriétaire revendiquant ;* 2° *la plus-value acquise par l'immeuble à l'époque de l'éviction* (art. 1638 C. civ.) ; 3° *la restitution des frais et loyaux coûts du contrat ;* 4° *le remboursement de toutes les réparations ou améliorations utiles apportées au fonds* (art. 1634 C. civ.), lorsque le vendeur est de bonne foi, *et de toutes les dépenses même voluptuaires ou d'agrément* faites par l'acquéreur (art. 1635 C. civ.) lorsque le vendeur est de mauvaise foi ([1]); 5° *tous les frais « faits sur la demande en garantie de l'acheteur et ceux faits par le demandeur originaire »* ; 6° enfin, le cas échéant, *des dommages-intérêts proprement dits.*

Lorsque l'éviction n'est que *partielle, l'on tient compte de l'importance de la partie évincée de l'immeuble.* Si elle est « de telle conséquence relativement au tout, que l'acquéreur n'eût point acheté sans la partie dont il a été évincé », cet acquéreur peut, à son choix, poursuivre la résiliation du contrat ou réclamer la valeur de cette partie de l'immeuble. Dans le cas contraire, il a droit à une simple indemnité correspondant à la valeur à l'époque de l'éviction de la partie de l'immeuble qui lui a été enlevée.

Lorsque la vente est résiliée, tout doit être remis au même état que si cette vente n'avait jamais eu lieu ; l'acquéreur aura donc droit à la restitution du prix et de ses accessoires.

Lorsque la vente n'est point résiliée, l'article 1637 C. civ. décide que « la valeur de la partie dont l'acquéreur se trouve évincé, lui est remboursée suivant l'estimation à l'époque de l'éviction, et non proportionnellement au prix total de la vente,

---

[1] Toutefois la responsabilité du vendeur à ce point de vue n'est que subsidiaire ; il ne doit à l'acquéreur évincé que ce qui ne lui a pas été restitué par le propriétaire revendiquant.

soit que la chose vendue ait augmenté ou diminué de valeur ».
Ainsi, dans le cas où la vente est maintenue, l'acquéreur n'a
point droit à la restitution d'une portion proportionnelle du
prix, mais uniquement à la valeur de la partie évincée au
moment de l'éviction, valeur qui peut se trouver inférieure à
la portion du prix afférente à cette partie de l'immeuble La
restitution diffère donc profondément de celle qui a lieu au cas
d'éviction totale et c'est très juste, car dans ce dernier cas, la
vente est résolue, au lieu que l'éviction partielle ne résout
point le contrat et donne seulement droit à des dommages-
intérêts proportionnels à la perte éprouvée.

172. — L'action en restitution de l'indu proprement dite
(car dans un sens large l'action en garantie n'est, elle-même,
qu'une action en restitution de l'indu) ne peut comprendre, au
contraire (mais comprend toujours, en principe), que la restitution de sommes égales aux sommes versées, parce qu'une somme
d'argent ne diminue ni n'augmente. Enfin l'action en garantie
suppose une éviction, l'action en restitution de l'indu suppose
un paiement fait par erreur par une personne qui n'était pas
débitrice à une personne qui n'était pas créancière. L'action
en garantie diffère donc de l'action en répétition comme l'espèce diffère du genre. Il suit de là que ces deux actions ont
leurs règles propres, et que parfois elles ne pourront être
intentées que contre des personnes différentes.

173. — Nous étudierons successivement les droits qui
appartiennent à l'*adjudicataire lorsqu'il vient à être évincé*
et ceux qui lui appartiennent lorsqu'une *erreur* a été commise
dans le paiement des bordereaux.

§ 1. — Recours au cas d'éviction.

174. — Le droit romain refusait en principe tout recours
à l'adjudicataire évincé contre les créanciers qu'il avait dé-

sintéressés ; il avait seulement un recours contre le débiteur qu'il avait ainsi libéré. *Repetitio nulla est ab eo qui suum recepit, tametsi alio quam vero debitore solutum est* (L. 44. Dig. *De condictione indeb.*).

Mais notre ancienne jurisprudence s'était écartée des solutions rigoureuses du droit romain. Pothier déclare que de son temps « on donnait l'action en répétition contre des créanciers qui avaient touché à l'ordre, et lorsque l'éviction n'avait été que pour partie, il n'y avait répétition que pour partie du prix ; c'étaient les derniers recevants à l'ordre qui étaient seuls tenus de cette restitution du prix » (Pothier, Proc. civ. IVᵉ partie, ch. II, sect. 5 § 7, n° 636)..

175. — Pour examiner quels sont aujourd'hui les droits de l'adjudicataire évincé, il convient de distinguer les *ventes volontaires* d'une part et les *ventes sur saisie immobilière* d'autre part.

a) VENTES VOLONTAIRES

176. — La vente volontaire peut avoir lieu soit à l'amiable, ainsi que cela se produit d'ordinaire, soit en justice, comme lorsqu'il s'agit de ventes de biens de mineurs, d'interdits, etc. Il faut également considérer comme vente volontaire la vente sur conversion de saisie, parce qu'elle exige le consentement du saisi (art. 743 C. pr. civ.).

177. — Dans ces sortes de ventes, l'adjudicataire évincé pourra exercer d'une part *l'action en garantie contre le vendeur primitif* (art. 1626 C. civ.) et d'autre part *l'action en paiement de l'indu contre les créanciers qu'il aurait préalablement désintéressés.*

178. — Nous avons vu que le droit romain refusait à l'acquéreur le secours de cette dernière action et qu'au contraire

notre ancién droit avait fini par la lui accorder. Notre Code
civil ne contient, il est vrai, aucun texte relatif à cette question ; mais les principes généraux relatifs à la répétition de
l'indu permettent de la résoudre facilement. Cette répétition
a lieu lorsqu'une personne acquitte, par erreur, une dette dont
elle n'est pas tenue. Trois conditions sont donc nécessaires et
suffisantes pour que la répétition puisse avoir lieu : 1° un
paiement ; 2° l'absence de dette véritable ; 3° l'erreur.

L'acquéreur qui, en vertu d'un règlement d'ordre, paie son
prix d'acquisition aux créanciers colloqués, avait un but indé-
niable : obtenir sur l'immeuble un droit de propriété définitif
et irrévocable. Si, par la suite, un tiers revendique l'immeuble
avec succès, l'acquéreur se trouve avoir payé par erreur et
sans cause. Quant aux créanciers colloqués, il est bien vrai
qu'ils n'ont reçu que ce qui leur était dû. Mais par qui le
montant de leurs créances leur était-il dû ? Par leur débiteur
primitif seulement et non point par l'acquéreur. Ce dernier
n'a jamais été tenu envers eux que *propter rem*, en qualité
de propriétaire du fonds. L'éviction efface la vente, de telle
sorte que l'ancien acquéreur est censé n'avoir jamais été propriétaire et par conséquent n'avoir jamais été débiteur. Dès
lors les créanciers colloqués détiennent sans cause le prix
qu'il leur a versé. D'ailleurs l'équité nous conduirait également à préférer l'acquéreur évincé aux créanciers colloqués,
car le premier lutte pour éviter une perte et les derniers pour
conserver un gain.

b) VENTES SUR SAISIE IMMOBILIÈRE

179. — Un créancier a poursuivi l'adjudication de l'immeuble sur saisie immobilière. A la suite de cette adjudication
un ordre s'est ouvert et des bordereaux de collocation ont été

délivrés. L'adjudicataire a désintéressé les créanciers en tout ou en partie. A ce moment un tiers se présente qui revendique l'immeuble ; ce tiers obtient gain de cause et l'adjudicataire est évincé. Contre qui ce dernier devra-t-il recourir ?

180. — Il est certain que l'adjudicataire peut exercer un recours en garantie, car la saisie immobilière est, sous ce rapport, assimilée par la loi à une vente (V. notamment art. 2205, 2206, 2209 à 2211 et 2213, C. civ.). Mais c'est une grave difficulté que de savoir contre qui cette action devra être dirigée. Cette difficulté vient de ce que le saisi n'a pas consenti à l'adjudication qui a été poursuivie contre son gré.

Aussi a-t-on soutenu que le recours en garantie devait s'exercer contre le créancier saisissant. « C'est au créancier poursuivant l'expropriation des biens de ses débiteurs, dit la Cour de Caen, à apporter garantie à l'adjudicataire de la dépossession qu'il peut éprouver, ainsi que serait tenu de le faire le débiteur lui-même s'il procédait volontairement à la vente de ses biens » (Caen 7 décembre 1827. D. P. 50. 2. 154).

Il est vrai que c'est le saisissant qui a poursuivi la saisie et que c'est lui notamment qui a rédigé le cahier des charges sur lequel l'adjudication a été prononcée. Mais s'ensuit-il qu'il doive être assimilé à un vendeur ? C'est impossible, car le saisissant n'entend pas vendre un bien lui appartenant ni se substituer au saisi. Il agit en qualité de créancier ; il poursuit le remboursement de sa créance par les voies légales. Mais il ne saurait garantir la propriété d'un immeuble qui ne lui a jamais appartenu. D'ailleurs, le saisissant n'est même pas en faute. La loi du 2 juin 1841 a tenu compte de l'impossibilité où il se trouve généralement d'établir nettement la propriété des immeubles saisis par lui ; aussi l'article 690 C. pr. civ. réformé par cette loi n'exige-t-il pas, dans ce cas, un établissement de propriété dans le cahier des charges. Comment le saisissant pourrait-il plus tard être rendu responsable d'évictions que l'absence de tout renseignement de la part du saisi l'empêchait absolument de prévoir ?

On objecte que le saisi n'a pas consenti à la vente. Il est peut-être trop facile de répondre que son consentement est suppléé par l'intervention de la justice. Mais, au moment où s'est formé le contrat dont l'inexécution a permis au créancier de poursuivre la saisie, le débiteur s'était implicitement engagé à supporter cette saisie et toutes ses conséquences au cas où il viendrait à ne pas exécuter volontairement ce contrat. Et ceci est particulièrement vrai quand le saisissant se trouve être un créancier inscrit. Même lorsque la poursuite d'expropriation forcée est commencée, le saisi n'y demeure pas étranger : le procès-verbal de saisie lui est dénoncé et il est sommé de venir prendre communication du cahier des charges et de fournir ses dires et observations (art. 691 C. pr. civ.). Or c'est précisément parce que l'origine de propriété aura été mal établie ou même n'aura point été établie dans ce cahier des charges que l'éviction de l'adjudicataire se produira d'ordinaire. Le saisi à cet égard est donc en faute, car la sommation qui lui est adressée a pour but de lui permettre de signaler les erreurs ou omissions qui pourraient avoir été commises. Il devait donc, à ce moment, déclarer qu'un bien compris dans la saisie ne lui appartenait pas ou faire telles autres déclarations qui étaient nécessaires pour dégager sa responsabilité.

Le saisi doit donc être assimilé à un vendeur ordinaire et tenu de l'obligation de garantie dans les termes du droit commun ; il devra donc la restitution du prix et, en outre, les dommages-intérêts indiqués plus haut. Cette solution est aujourd'hui adoptée par la jurisprudence.

181. — M. Colmet de Santerre (*op. cit.*, t. vii, n° 76, V bis et VI) propose une distinction : le saisi serait tenu de restituer le prix versé aux créanciers, parce qu'il en a profité, mais il ne devrait pas les dommages-intérêts parce qu'il joue dans la saisie un rôle purement passif.

Nous n'admettons pas cette théorie. D'abord elle introduit dans la loi une distinction qui n'y est pas ; si le saisi est un vendeur, il faut en tirer toutes les conséquences légales, sans exception. Ensuite les dommages-intérêts n'ont pas pour cause nécessaire, dans le cas de l'article 1626 C. civ., une faute quelconque de la part du vendeur, mais seulement un manquement à l'obligation où il est de transférer la propriété. D'ailleurs le saisi aura très souvent commis la faute de ne pas satisfaire à la sommation prescrite par l'article 691 C. pr. civ.

182. — Mais le recours en garantie de l'adjudicataire contre le saisi sera rendu généralement illusoire par l'insolvabilité de ce dernier. L'adjudicataire aura-t-il d'autres recours ?

183. — D'abord cet adjudicataire a le droit de réclamer des *dommages-intérêts* au saisissant lorsque la responsabilité de celui-ci est engagée, comme lorsqu'il a compris dans la saisie des biens n'appartenant pas au saisi et sur lesquels celui-ci n'avait accompli aucun acte de nature à faire présumer qu'il en était propriétaire. Mais alors, c'est en vertu de l'article 1382 C. civ. et non de l'article 1626 que le saisissant sera actionné ; ce qui est très différent quant à l'appréciation du dommage et à la procédure.

184. — L'adjudicataire aura-t-il, en outre, le droit de réclamer aux créanciers colloqués la *répétition* des sommes qu'il leur aurait versées ?

Dans un premier système (V. Duranton *op. cit.*, t. 16, p. 2), on refuse à l'adjudicataire l'action en répétition de l'indu contre les créanciers colloqués. Les partisans de ce système qui se rapproche beaucoup de la solution romaine, prétendent qu'au cas de saisie immobilière l'adjudicataire paie les créanciers inscrits non pour son propre compte, mais pour le compte du saisi, en vertu d'une sorte de mandat. D'une part donc, les créanciers n'ont reçu que ce qui leur était dû, et, d'autre part, l'adjudicataire ayant entendu payer non pas en son nom, mais au nom du saisi, le paiement n'est point erroné ni fait par un autre que le débiteur.

Dans un deuxième système, auquel nous adhérons, on accorde à l'adjudicataire l'action en répétition contre les créanciers colloqués. L'adjudication est un contrat à titre onéreux où l'obligation du saisi de garantir la propriété a pour cause l'obligation de l'adjudicataire de payer le prix, et réciproquement. Si ce dernier est évincé, son obligation manque de cause et par conséquent il ne peut plus être tenu de payer le prix. Si le paiement est déjà opéré, comme par suite de l'éviction l'adjudication se trouve résolue, l'adjudicataire est réputé n'avoir jamais été débiteur. Le prix a donc été payé par erreur et sans cause ; en conséquence il pourra être répété.

Cette solution était enseignée par Pothier (V. *suprà*, n° 174) et il est probable que les rédacteurs du Code ont dû s'inspirer ici de leur guide ordinaire (V. d'ailleurs Tarrible dans Fenet, t. XIII, p. 485).

Quant aux arguments que font valoir les partisans du premier système, ils sont manifestement erronés. On dit que l'adjudicataire paie en vertu d'un mandat tacite du saisi. La vérité est, au contraire, que, par l'effet de l'adjudication sur saisie, l'adjudicataire se trouve engagé directement envers les créanciers inscrits par une sorte de quasi-contrat. En effet, ces derniers sont liés à la poursuite par la sommation qui leur est adressée aux termes de l'article 692 C. pr. civ. ; à partir de cette époque, ils peuvent intervenir dans tous les actes de la procédure qui précède la mise aux enchères. L'adjudicataire n'est pas tenu envers le saisi mais envers ces créanciers, et la preuve c'est que s'il payait au saisi, il paierait mal et devrait payer deux fois. Dans ces conditions, c'est une subtilité inutile et erronée que de supposer un mandat, fût-il tacite. D'ailleurs un mandat implique la volonté du mandant qui, dans notre hypothèse, n'existe généralement pas. Mais, alors même que le saisi manifesterait expressément une volonté contraire à ce soi-disant mandat, l'adjudicataire n'en demeurerait-il pas moins obligé envers les créanciers inscrits ?

C'est donc bien en son nom, comme débiteur du prix de l'adjudication et pour se libérer, que l'adjudicataire entend payer les créanciers colloqués. S'il vient à être évincé, ce paiement manque de cause et peut être répété.

A ces arguments qui s'appliquent même en dehors de tout règlement d'ordre, il convient d'ajouter que la délivrance des bordereaux entraîne une délégation imparfaite par laquelle l'adjudicataire devient débiteur direct du prix envers les créanciers colloqués. Il est par conséquent impossible de soutenir que l'adjudicataire n'est que le mandataire du saisi.

185. — L'éviction peut être totale ou partielle. Lorsqu'elle est totale, l'adjudicataire peut répéter la totalité de son prix contre tous les créanciers colloqués qu'il aurait désintéressés. Lorsqu'elle n'est que partielle, il ne peut réclamer que la partie du prix correspondant à la partie évincée de l'immeuble et il n'exercera son action que contre les derniers créanciers colloqués. — Si le prix de l'immeuble avait été distribué au moyen d'une contribution, la répétition se poursuivrait sur chacun des créanciers colloqués au marc le franc de leurs créances.

186. — En résumé, qu'il s'agisse de ventes volontaires ou de ventes sur saisie immobilière, nous reconnaissons à l'adjudicataire le droit de recourir en garantie contre le vendeur ou le saisi et, en répétition de l'indu, contre les créanciers colloqués. De plus, dans les ventes sur saisie immobilière, si le poursuivant a commis une faute personnelle, nous accordons à l'adjudicataire le droit de poursuivre ce dernier en dommages-intérêts.

187. — L'adjudicataire ou acquéreur ne pourra pas cependant exercer toujours l'action en répétition de l'indu contre les créanciers colloqués. La loi, en effet, refuse cette action quand le créancier colloqué, n'étant pas en faute, subirait un préjudice irréparable par la suppression de son titre de créance. Ce cas est prévu par l'article 1377, § 2. C. civ. « *Néanmoins* ce droit (le droit de répétition) cesse dans le cas où le créancier a supprimé son titre, par suite de paiement, sauf le recours de celui qui a payé contre le véritable débiteur. » Il semble, tout d'abord, que cette exception s'appliquera rarement, car les créanciers colloqués sur le prix d'un immeuble sont généralement des créanciers hypothécaires munis de titres authentiques, dont ils pourront toujours demander de nouvelles grosses. Elle ne s'appliquerait donc qu'aux créanciers privilégiés ou chirographaires qui auraient supprimé leurs titres de créances sous seings privés.

Mais la suppression du titre s'entend non seulement de la suppression matérielle de ce titre, mais encore de l'extinction des sûretés attachées à la créance et sans lesquelles cette créance est dénuée de toute efficacité. En conséquence le créancier qui, en vue du paiement, aurait donné main-levée ne pourra être actionné en répétition si le conservateur des hypothèques a opéré la radiation des hypothèques attachées à sa créance.

On a contesté cette dernière solution. La disposition de l'article 1377, § 2, C. civ., est, dit-on, exceptionnelle, comme

le démontre l'emploi du mot « néanmoins. » Or l'article parlant seulement du cas où le créancier a supprimé son *titre*, il
ne faut pas étendre le sens de ces mots et y comprendre la
suppression non du titre matériel, mais des sûretés et garanties attachées à la créance.

La répétition de l'indu, comme au fond tous les quasi-
contrats, repose sur ce principe d'équité que la loi n'énonce pas
pas expressément mais qu'elle suppose dans un grand nombre
de textes (art. 548, 555, 570, 571, 594, 1241, 1312, 1437,
1926, etc.), à savoir que nul ne doit s'enrichir aux dépens
d'autrui. Or dans notre hypothèse non-seulement il n'est pas
juste de soutenir que le créancier colloqué s'est enrichi, puisqu'il n'a touché que ce qui lui était dû, mais la vérité est que,
si l'on accordait contre lui l'action en répétition, il se serait
appauvri. En effet, ayant perdu toutes ses garanties, il ne lui
resterait plus qu'un titre nu et la plupart du temps sans valeur. D'ailleurs l'article 1377, § 2 ne constitue, à notre avis,
qu'une application du principe même de l'action en répétition
de l'indu et non pas une exception véritable ; il n'y a donc
pas lieu de l'interpréter restrictivement.

188. — Dans tous les cas où l'adjudicataire ne peut intenter son action contre les créanciers, il peut l'intenter contre
le débiteur primitif. Cette action sera généralement rendue
inutile par le recours en garantie qu'il possède déjà contre le
même débiteur. Pourtant au cas d'éviction partielle l'action
en répétition pourra lui offrir un avantage, car il recouvrera
une part proportionnelle du prix, au lieu que par l'action en
garantie il n'aurait eu droit qu'à la valeur de la partie évincée
de l'immeuble, laquelle peut avoir diminué.

189. — Quelques auteurs reconnaissent, en outre, une
autre action à l'adjudicataire contre le débiteur primitif. Ils

lui permettent d'exercer celle qui appartenait originairement au créancier désintéressé, l'adjudicataire ayant droit, selon eux, à la subrogation légale de l'article 1251 3°, C. civ.). « Le véritable propriétaire ayant supprimé son titre, dit Larombière (sur l'art. 1377, n° 11), celui qui a payé se trouve en définitive par suite de l'engagement tacite qu'il a contracté vis-à-vis de lui, par le fait même de son erreur, obligé de le payer sous forme de non-répétition. Il est, conséquemment, tenu pour un autre, c'est-à-dire pour le débiteur véritable, de payer une dette qui ne lui est pas personnelle. Donc il est légalement subrogé aux termes de l'article 1251 3°, aux droits du créancier qu'il est obligé de payer par forme de non-répétition. » On invoque également à l'appui de cette opinion, l'article 1299 2° qui fait revivre les privilèges et hypothèques au profit de celui qui paie par erreur une dette compensée.

Cette opinion est-elle exacte? D'abord, quelque nature que l'on attribue à la subrogation, il est certain qu'elle est une fiction puisqu'elle fait revivre une créance éteinte. Donc c'est une institution exceptionnelle qui ne s'applique que dans les cas où la loi l'a marqué par un texte précis. Or ce texte manque dans l'hypothèse actuelle, l'article 1251 3° étant inapplicable, malgré les efforts de Larombière, puisque l'adjudicataire paie pour son propre compte et non pour celui du débiteur. En outre, comment le créancier désintéressé pourrait-il transmettre sa créance à l'acquéreur puisqu'il est lui-même sans droit effectif à l'encontre de son ancien débiteur? Enfin l'article 1299 2° est encore un texte exceptionnel que l'équité a fait introduire dans nos lois, mais qu'on ne saurait étendre par voie d'analogie.

Aussi la plupart des auteurs n'accordent à l'adjudicataire contre le débiteur primitif qu'une action en répétition ou plus exactement une action de *in rem verso*. La loi, en effet, ac-

corde cette action toutes les fois qu'une personne s'enrichit
sans cause légitime aux dépens d'autrui. Le débiteur s'est
enrichi, puisque l'adjudicataire a payé sa dette. Cet enri-
chissement s'est donc opéré aux dépens de ce dernier et, par
suite de l'éviction, le paiement se trouve avoir eu lieu par
erreur et sans cause. Toutes les conditions requises pour
l'exercice de l'action de *in rem verso* sont réunies.

§ 2. — Recours au cas de paiement erroné.

190. — Le paiement fait par l'acquéreur peut être erroné,
soit que cet acquéreur commette lui-même une erreur dans le
paiement, soit que cette erreur provienne du juge-commissaire ou du greffier.

191. — Dans le premier cas, lorsque l'erreur est le fait
de l'acquéreur lui-même, nous appliquerons les règles ordinaires du paiement de l'indu. Nous distinguerons en conséquence selon que cette erreur est ou non excusable (art. 1240,
C. civ.). Si elle est excusable, nous accorderons à l'acquéreur
l'action en répétition ; sinon, nous la lui refuserons. L'erreur
pour être inexcusable doit être si grossière que l'acquéreur
soit présumé avoir payé en connaissance de cause. En conséquence nous refuserons notamment l'action en répétition dans
les deux cas suivants :

1° Lorsque l'acquéreur a désintéressé un créancier colloqué
malgré l'opposition d'un créancier omis ou des créanciers du
colloqué ;

2° Lorsque l'adjudicataire, après avoir acquitté le montant
des bordereaux, se trouve contraint de payer, outre son prix,
une créance garantie par une hypothèque légale dont il n'a
pas provoqué l'inscription parce qu'il la croyait purgée (Cass.,

12 nov. 1850. D. P. 50. 1. 305); l'adjudicataire n'aura, dans ce cas, qu'un recours contre le saisi ou vendeur primitif.

192. — Dans le deuxième cas, c'est-à-dire quand l'erreur est le fait du juge-commissaire ou du greffier, cette erreur peut être de nature à entraîner la nullité de l'ordre. Nous verrons plus loin que cette nullité n'empêche pas en principe l'adjudicataire d'être définitivement libéré.

L'erreur peut être purement matérielle, comme si, par exemple, le juge-commissaire avait oublié de déduire les frais de la somme à distribuer ou si le montant des collocations excédait cette somme. Le règlement de l'ordre doit être alors non pas annulé, mais réformé. L'adjudicataire s'adressera dans ce but au tribunal, et actionnera en répétition les créanciers derniers colloqués jusqu'à concurrence des sommes indûment versées, s'il s'agit d'un ordre ; et tous les créanciers sans distinction, au marc le franc de leurs créances, s'il s'agit d'une contribution.

193. — Enfin, si l'on décide qu'un créancier omis dans l'ordre a le droit de s'adresser à l'acquéreur en vertu de l'action hypothécaire et de se faire payer par lui, il faut accorder à celui-ci une action en répétition contre les créanciers colloqués au détriment du créancier omis. L'acquéreur serait, du reste, subrogé au créancier omis par application de l'article 1251 3°, C. civ.

Section II

Recours qui appartiennent aux créanciers.

194. — On peut imaginer quatre hypothèses différentes dans lesquelles des créanciers colloqués ou non auront un recours à exercer soit contre l'adjudicataire, soit contre d'autres créanciers, indépendamment de leur action personnelle contre le débiteur primitif dont nous ne parlerons pas parcequ'elle est entièrement régie par les principes du droit commun. Ces quatre hypothèses se présentent dans les circonstances suivantes : 1° *quand certains bordereaux sont demeurés impayés ; 2° quand le règlement de l'ordre vient à être annulé ; 3° quand des créanciers omis dans le règlement obtiennent plus tard une collocation ; 4° quand la demande en collocation de certains créanciers d'abord rejetée vient ensuite à être admise grâce à un arrêt de la Cour de cassation.*

195. — I. Lorsque certains créanciers sont payés tandis que d'autres ne le sont pas, faut-il accorder une action en répétition aux créanciers préférables en rang et non payés contre les créanciers postérieurs qui auraient été désintéressés ? En admettant que les créanciers antérieurs puissent exercer une action contre les créanciers postérieurs (nous supposons, bien entendu, l'adjudicataire insolvable), ce ne peut être une véritable action en répétition. En effet, d'une part le paiement n'émane pas des créanciers préférables en rang, d'autre part les créanciers postérieurs n'ont reçu que ce qui leur était légitimement dû, enfin il ne s'est produit aucune erreur de la part du *solvens*. Mais si l'on ne peut accorder à ces créanciers une action en répétition, ils auront une action de *in rem verso*, car les créanciers postérieurs se sont injustement enrichis à leur préjudice. Il ne serait pas juste, en effet, que les créanciers premiers colloqués aient à courir les risques de l'insolvabilité de l'acquéreur, parce qu'ils se seraient laissé devancer par des créanciers postérieurs à eux. D'ailleurs ils peuvent opposer le règlement de l'ordre à ces derniers, puisqu'ils y ont été parties. (En ce sens Ollivier et

Mourlon, *op. cit.*, n° 452 ; Chauveau, *op. cit.*, Question 2611 *ter ;* Seligman, *op. cit.*, n° 543 ; Houyvet, *op. cit.*, n° 336. Et pour la jurisprudence : Poitiers, 11 mars 1824. D. Rép., v° Priv. et hyp., n° 2292 ; Aix, 30 mai 1825. D. Rép., v° Ordre entre créanciers, n° 1215 ; Orléans, 17 juin 1852. D. P. 54. 5. 530. — En sens contraire : Lyon, 23 avril 1852. D. Rép., v° Ordre entre créanciers, n° 1216. — Enfin quelques arrêts refusent aux créanciers l'action en répétition de l'indu (ce que nous admettons), mais ils en tirent cette conséquence que le créancier antérieur impayé peut agir par voie de nullité de l'ordre : Toulouse, 3 juin 1871. D. P. 73. 5. 341. — Nous nous refusons, quant à nous, à voir dans le non-paiement partiel des bordereaux une cause de nullité d'un ordre, quand la procédure a été régulièrement suivie. L'action que le bordereau confère au créancier colloqué est une action personnelle en paiement, ayant sa source dans l'engagement pris par l'acquéreur de payer son prix aux créanciers de son auteur.

196. — II. Lorsque l'ordre vient à être annulé après que l'acquéreur a désintéressé les créanciers colloqués, celui-ci n'en demeure pas moins valablement libéré, car il a payé en vertu d'une décision judiciaire passée en force de chose jugée et en exécution d'un titre authentique et exécutoire auquel provision était due. D'ailleurs il a payé de bonne foi à celui qui était en possession de la créance ; il est donc libéré (art. 1240, C. civ.), (V. dans ce sens Seligman, *op. cit.*, n°s 541, 542 et 544, Houyvet, *op. cit.*, n°s 334 et 335 ; Ollivier et Mourlon, *op. cit.*, n° 453). Les modifications que le nouveau règlement d'ordre pourrait apporter aux rangs des collocations ne donneraient donc aux créanciers utilement colloqués dans ce règlement que le droit d'exercer contre les créanciers indûment colloqués dans le premier et payés à leur préjudice une action

de *in rem verso* (V. Cass., 8 janvier 1882. D. Rép. S. v°
Ordre entre créanciers, n° 172, — et, spécialement dans le
cas où l'un des créanciers serait coupable de dol, Cass. Req.,
27 février 1840. D. Rép., v° Ordre entre créanciers, n° 1197).
— Toutefois, si ces créanciers avaient consommé de bonne
foi les sommes qui leur ont été payées, ils ne seraient pas
tenus de les restituer.

Si l'acquéreur n'avait pas encore versé son prix au moment
où l'instance en nullité s'engage, il devrait se conformer au
nouveau règlement.

197. — III. Il arrive parfois que des omissions se produi-
sent, soit que l'état des inscriptions délivré par le conservateur des hypothèques ait été incomplet, soit que le poursuivant n'ait point adressé à tous les créanciers la sommation
prescrite par les articles 659 et 753, C. pr. civ. ou qu'il ait
donné au conservateur des instructions inexactes en conséquence desquelles celui-ci a délivré un état incomplet.

Le créancier omis peut intenter, en vertu de l'article 1382,
C. civ., une action en *dommages-intérêts* contre le conservateur dans le premier cas, et dans les autres contre le poursuivant.

Outre cette action, le créancier omis peut encore faire prononcer la *nullité* de l'ordre où il n'a pas été appelé.

Enfin il peut intenter une *action de in rem verso* afin de
toucher ce qui a été payé à son détriment.

198. — Mais contre qui devra-t-il exercer cette dernière
action? Contre l'adjudicataire ou contre les créanciers colloqués à son préjudice?

Quelques auteurs soutiennent que le créancier omis devra
s'adresser à l'adjudicataire. « L'immeuble, disent-ils, n'est
purgé qu'à la condition que la procédure de l'ordre ait été

régulière. Or on ne peut opposer au créancier omis le règlement d'un ordre où il n'a pas été partie. La purge n'est donc
pas opérée à son égard et son droit hypothécaire subsiste à
l'encontre de l'acquéreur » (V. dans ce sens Houyvet, *op. cit.*,
n° 150).

Les auteurs et les arrêts repoussent généralement, et avec
raison, cette doctrine. L'adjudicataire qui a payé les bordereaux s'est valablement libéré de son prix d'acquisition. En
effet, d'une part, les créanciers sont en droit d'exiger un paiement immédiat auquel l'adjudicataire ne peut se refuser qu'en
s'exposant à des poursuites dommageables et rigoureuses, et,
d'autre part, payant de bonne foi, il se trouve couvert contre
toute réclamation par l'article 1240 C. civ., lequel dit expressément que « le paiement fait de bonne foi à celui qui est en
possession de la créance est valable, encore que le possesseur
en soit par la suite évincé. » D'ailleurs il n'est pas exact de
prétendre que l'effet de la purge dépend de la procédure
d'ordre ; cet effet remonte soit au moment de la transcription
du jugement d'adjudication, soit au moment des notifications.
L'ordre n'a pour but que la réalisation de cet effet. Mais, au
regard de l'acquéreur, la seule obligation qui découle de la
purge, c'est de payer le prix aux créanciers qui seront colloqués. Il l'a fait et pour déclarer qu'il devra payer deux fois, il
faudrait qu'il eût commis une faute dont il serait responsable.

Si le recours du créancier omis pouvait s'exercer contre
l'adjudicataire, il faudrait accorder à ce dernier une action *de
in rem verso* contre les créanciers colloqués au détriment du
créancier omis, ou, pour éviter un circuit d'actions, contre les
créanciers derniers colloqués (V. en ce sens : Colmar, 9 août
1114. D. Rép. v° Contr. de mar. n° 1796 ; Cass. Réj. 9 novembre 1812 et 31 janvier 1815. D. Rép. v° Ordre entre créanciers n° 72 1° et 2° ; Caen 16 août 1842. D. Rép. eod. v° n° 454,

et Chauveau *op. cit.*, Question 2549 7°). Mais alors, d'une part on n'éviterait pas ce circuit d'actions dont nous venons de parler, puisque le créancier omis actionnant l'acquéreur, celui-ci devrait à son tour actionner les créanciers derniers colloqués, et, d'autre part, on ferait peser le risque de l'insolvabilité des créanciers payés indûment sur celle des deux parties qui est la plus digne d'intérêt, car l'acquéreur s'étant strictement conformé aux ordres de la justice, n'est point en faute, au lieu que le créancier omis a eu le tort de ne pas intervenir spontanément dans le règlement d'un ordre qu'il n'aurait pas dû ignorer s'il avait suffisamment veillé sur ses intérêts, car ce règlement a été précédé d'une aliénation souvent publique et toujours transcrite et que, de plus, l'ordre lui-même est entouré d'une certaine notoriété (V. dans ce sens : Seligman *op. cit.* n° 514 ; et pour la jurisprudence : Liège 13 mars 1833. D. Rép. v° Ordre entre créanciers n° 452 ; Poitiers 26 avril 1835. D. Rép. eod. v° n° 453).

Les auteurs qui admettent que l'action du créancier omis pourra s'exercer contre l'acquéreur font cependant une concession ; c'est qu'au lieu de procéder ainsi, ce créancier peut, par la voie de la tierce opposition, faire prononcer la nullité de l'ordre en ce qui concerne les collocations postérieures à son rang et obtenir de cette manière le remboursement des sommes reçues par les derniers colloqués à son détriment (V. Bressolles *op. cit.* n° 61). On arrive ainsi, mais par un détour inutile, au même résultat que nous.

199. — IV. La solution que nous venons de développer nous permettra de ne point nous étendre sur les difficultés relatives à la quatrième hypothèse, celle où des créanciers forclos ou rejetés viennent, postérieurement à la clôture de l'ordre, réclamer le montant d'une collocation qui leur est légitimement due. Pour que cela soit possible, il faut supposer que la Cour de cassation a annulé l'arrêt qui rejetait le créancier de l'ordre ou le déclarait forclos. Le pourvoi en cassation n'étant pas suspensif, les bordereaux de collocation ont dû être délivrés et payés *medio intervallo*. Puis l'arrêt vient à être cassé par la Cour suprême et la Cour de renvoi décide que le créancier primitivement rejeté sera utilement colloqué. Contre qui ce créancier devra-t-il poursuivre le paiement de sa collocation ?

Pour les raisons que nous avons exposées plus haut, nous lui refuserons le droit de s'adresser à l'acquéreur. Nous ne lui accorderons donc qu'une action en répétition contre les créanciers colloqués à son détriment, ou, plus exactement, contre les créanciers derniers colloqués, jusqu'à concurrence du montant de sa créance (V. dans ce sens : Toulouse 15 décembre 1871. D. P. 71. 2. 255 ; Cass. Req. 18 juillet 1870. D. P. 71. 1. 312).

Vu :
Le Doyen de la Faculté de Droit
de l'Université de Dijon,

BAILLY.

Vu :
Le Président de la thèse,

Fr. GÉNY.

Vu et permis d'imprimer :

Dijon, le 8 Mai 1900.

Le Recteur de l'Académie,

Ch. ADAM,

Correspondant de l'Institut.

TABLE DES MATIÈRES

Wassy. — Typographie et lithographie de Vᵛᵉ BLAVIER